★ 교사용 지도서 ★

3

창의적
재량활동
시리즈

독서교육

전도근 저

학지사

머리말

독서를 통한 창의력 계발이 교육에서 중요하게 떠오르고 있다. 교육과학기술부는 전국 16개 시 · 도 교육청별로 '독서교육종합지원시스템'을 구축하고 독서인증제를 시행하기 시작하였고, 학생생활기록부에 '독서활동상황란' 신설을 통한 독서활동상황 평가 등을 실시하고 있다. 대학 입시에서도 개인의 독서이력을 합격의 새로운 조건 중 하나로 제시하면서 더 관심이 높아지고 있다. 굳이 정책적 차원이 아니더라도 학습자의 창의력과 사고력을 증진시키기 위한 방법인 자기주도적 학습을 위해서 독서 교육은 반드시 필요하다. 독서 교육만큼 학생들의 사고력을 계발하고 창의성을 증진시킬 수 있는 프로그램은 없기 때문이다.

독서 교육은 학교뿐 아니라 가정과 사회에서도 매우 중요하다. 때문에 정부 차원에서도 책을 많이 읽자는 운동을 수년째 펼치고 있는 상황이지만 진정한 의미에서 독서 교육은 이제까지 제대로 이루어지지 못하고 있다. 학생들이 독서를 하지 않는 가장 큰 이유는 학교에서 독립적이고 자율적으로 독서하는 습관을 발전시키는 교육을 받지 못했기 때문일 것이다.

이제 우리의 학교교육에서는 수동적인 독서 지도가 아니라 미래를 선도할 창의적 인재를 육성하기 위하여 적극적인 독서 지도를 계획하고 추진해야 한다. 즉, 학교는 독서 교육을 통하여 학생들이 자율적인 지식 습득과 창의성 계발을 활성화할 수 있도록 해야 한다. 그러기 위해서 교사는 독서를 통하여 학생의 사고력을 향상시키고, 학생을 창의적 인재로 만들기 위하여 독서 교육을 전 교과와 연계하여 적극적으로 실천해야 한다.

더욱이 독서를 입학사정관제의 자기소개서에도 기입하도록 하는 학교들이 증가하고 있고, 독서교육종합지원시스템에 독서기록장을 적도록 하는 경우도 늘고 있다. 따라서 독서 교육은 초등학교 때부터 지속적이고 체계적인 지도와 다양한 독서 행사 운영 등으로 독서에 대한 흥미와 관심을 높여 주어야 한다.

이에 학생들에게 실질적이고 효율적인 독서 지도가 가능할 수 있도록 현장에서 쉽게 활용할 수 있는 독서 지도 방법을 제공하는 데 초점을 맞추어 책을 집필하였다. 학교 실정에 맞춘 독서 교육을 하는 데 도움이 되었으면 한다.

이 책을 통해 학생들이 올바른 독서를 할 수 있는 독서 능력을 갖게 되어 모든 학생들이 자기주도적 학습 능력을 가진 창의적 인재가 되기를 기원한다. 또 이 책이 현장에서 학생들의 독서 교육을 위해 애쓰시는 선생님들께 실질적인 도움이 되고, 독서 교육의 새로운 방향을 제시하는 데 일조하기를 바란다.

2011년

전도근

차 례

제3장 분야별 독서 방법을 지도하라

제4장 독서 전략을 지도하라

제5장 독서 과정을 지도하라

제6장 독서 토론

이 책의 활용 요령

이 책은 독서 교육을 위한 다양한 프로그램으로 구성되어 있다. 이 책은 각 장별 활동을 통해 독서 능력을 높일 수 있도록 문제를 구성하였다.

독서 능력을 향상시키기 위한 지도를 위해서는,

첫째는 프로그램 지도 계획을 참고로 하여 지도한다.

둘째는 장별로 독서 능력 향상을 지도한다.

셋째는 장별로 마련한 활동을 통해서 독서 능력을 향상할 수 있도록 지도한다. 활동을 위해서는 먼저 를 충분히 읽어서 활동을 하는 방법과 목적을 충분히 설명해 주고 작성하도록 한다.

넷째는 학생들이 작성한 활동을 바탕으로 발표하게 하여 다른 사람의 생각을 이해하고 자신에게 유용한 아이디어를 얻게 한다.

교사는 수업을 진행하면서 학생들의 창의력을 저해하지 않고 독서 능력을 향상시킬 수 있도록 노력해야 한다. 교사가 기존의 교육 방식대로 모범 답안을 요구하면 학생의 창의력은 더 발전하지 않을 것이다. 어떠한 대답이든 긍정적인 자세로 수용하려는 열린 마음이 필요하다. 또한 수업을 하면서 칭찬과 격려가 사고를 촉진시키는 강한 동기가 된다는 점을 잊지 말자.

회차별 지도 계획

다음에 제시되는 회차별 지도 계획은 참고할 수 있는 하나의 예다. 교사는 대상 수준과 상황에 맞게 다양한 방법으로 수업을 이끌 수 있다.

회차	프로그램 명	세부 내용	비고
1	왜 독서 교육을 해야 하는가?	독서 교육에 대한 개념과 필요성 독서의 중요성 독서 능력의 중요성	
2		독서교육종합지원시스템 읽기와 독서의 차이 독서 이해하기 독서 능력 검사하기	활동 1
3	독서의 시작, 흥미를 갖게 하라	독서보고서 작성하기	활동 2
4		독서 감상화 그리기	활동 3
5		독서 감상문 작성하기	활동 4
6		그림 보고 이야기 꾸미기	활동 5
7		책 제목으로 끝말 이어가기	활동 6
8		책 속에 나온 낱말로 짧은 글 짓기	활동 7
9		독서 방법을 지도하라 용도에 따른 독서 방법 찾기	활동 8
10		글의 목적에 맞는 독서 방법 찾기	활동 9
11	분야별로 독서 방법을 지도하라	소설, 희곡, 수필 읽기	활동 10
12		시, 시조 읽기	활동 11
13		그림책 읽기	활동 12
14		동화 읽기	활동 13
15		위인전 읽기	활동 14
16		역사책 읽기	활동 15
17		과학책 읽기	활동 16
18		잡지 읽기	활동 17

19	독서 전략을 지도하라	독해 전략 적용하기	활동 18
20		글을 읽고 나서 뜻 말해 보기	활동 19
21		제목 선정하기	활동 20
22		과목별로 읽기	활동 21
23	독서 과정을 지도하라	제목만 보고 내용 상상하기	활동 22
24		시의 내용을 보고 제목 추리하기	활동 23
25		중심 내용 찾기	활동 24
26		어휘 활용하기	활동 25
27		내용 구조화하기	활동 26
28		요약하기	활동 27
29		메모하기	활동 28
30		제목과 관련된 것을 떠올리기	활동 29
31		알고 있는 지식과 경험을 떠올리기	활동 30
32		적절한 상황에 연관시키기	활동 31
33		모르는 단어 명확하게 하기	활동 32
34		글쓴이의 의도 파악하기	활동 33
35		궁금한 것에 대해 스스로 질문해 보고 답해 보기	활동 34
36		원인과 결과 떠올리기	활동 35
37		주인공이 되어 생각하기	활동 36
38		독서 토론 지도하기	
39		독서 토론 지도하기 정리 총괄 평가	

제 1 장

왜 독서 교육을 해야 하는가

<table>
<tr><th colspan="4">왜 독서 교육을 해야 하는가</th></tr>
<tr><td colspan="2">세부 내용</td><td colspan="2">• 독서 교육에 대한 개념 이해하기
• 독서 교육의 필요성 알기</td></tr>
<tr><td colspan="2">목표</td><td colspan="2">• 독서 교육의 개념을 알 수 있다.
• 독서 교육의 필요성을 설명할 수 있다.</td></tr>
<tr><th colspan="2">단계</th><th>교수 · 학습 활동</th><th>자료</th></tr>
<tr><td>1</td><td>도입단계</td><td>• 독서 교육에 대한 동기 유발
–독서 교육이라는 단어를 듣고 떠오르는 생각 말해 보기
–독서 교육의 개념 알아보기</td><td></td></tr>
<tr><td>2</td><td>전개단계</td><td>• 독서 교육이란 무엇인가?
• 독서의 필요성
• 독서는 성공의 지름길이다
• 왜 독서 능력이 중요한가?
• 성적 향상을 위해서 독서 능력을 키워라
• 독서교육종합지원시스템이 독서기록장을 대신한다
• 독서가 대학 입학을 결정한다
• 읽기와 독서의 차이</td><td>활동지
검사지</td></tr>
<tr><td>3</td><td>정리단계</td><td>• 학습 소감 발표
–앞으로 독서 교육에 능동적 참여를 위해 할 수 있는 방법에 대해 발표하기
–활용 계획 이야기하기</td><td></td></tr>
</table>

1 독서 교육이란 무엇인가?

단지 책을 읽는 방법을 가르치는 것이 아니라 책을 읽는 방법은 물론이고 책을 통해 정보를 받아들이고 이를 표현할 수 있도록 하는 것이 독서 교육이다. 책을 읽는 것은 글자만 깨우치면 누구나 할 수 있다. 그러나 책을 읽는 방법에 따라서 결과는 천차만별로 나타날 수 있으며, 정보를 받아들이고 표현하는 능력에서도 차이가 크다. 이러한 결과가 생기는 이유는 독서 교육의 중요성을 인식하지 못하고 그냥 책을 읽으면 된다고 생각하기 때문이다. 독서 방법에 대한 체계적인 교육과 훈련이 필요하다.

책을 어떻게 읽어야 하는지를 몰라 읽기는 읽었는데, 읽고 나서 남는 것이 하나도 없다면 독서의 진정한 기쁨을 맛보지 못하는 것이다. 그러므로 독서 교육을 통해 책 읽는 방법의 습득과 습득한 정보를 다시 표현할 수 있는 능력은 매우 필요하다고 할 수 있다.

독서 교육은 어릴 때 가정에서 해야 하고, 학교에 입학한 후에는 학교에서 해야 한다.

1) 가정에서의 독서 교육

가정에서의 독서 교육은 아이들이 책을 읽게 하는 데 많은 영향을 줄 뿐만 아니라 성인이 된 후의 독서 습관을 형성하는 데 매우 중요한 역할을 한다. 특히 아이들의 독서 능력, 독서 습관, 독서에 대한 흥미는 독서 교육에 대한 부모의 관심과 비례한다. 어려서부터 부모가 아이에게 체계적인 독서 교육을 시키면 아이는 그렇지 않은 다른 아이에 비하여 독서 능력, 독서 습관, 독서에 대한 흥미가 높아질 수밖에 없다. 그러므로 자녀들에게 독서를 할 수 있는 즐거운 환경과 격려하는 분위기를 조성해 주어야 한다.

초등학교 입학 전에는 대부분 한글을 정확히 읽지 못하기 때문에 독서 교육은 주로 책을 읽어 주는 것으로 시작한다. 책을 읽어 줄 때는 아이가 좋아하는 책을 선택해야 하며, 흥미를 유발하도록 읽어 주어야 한다. 초등학교 입학 전까지의 독서 교육에서는 아이가 책에 대한 흥미를 느끼고 스스로 읽어야겠다는 의욕이 생기도록 하는 것이 중요하다. 이러한 의욕은 나중에 지속적인 독서 습관을 형성하는 데 매우 중요하다.

2) 학교에서의 독서 교육

학교에서의 독서 교육은 학생들에게 반강제적으로 어떤 책을 읽게 하기보다는 학생들에게 독서가 왜 우리 생활에 유익하고, 어떤 도움을 주는지를 구체적으로 인식시키며, 많은 독서 자료를 정기적으로 제공하는 등 학생들이 자발적으로 독서를 할 수 있도록 유도하는 것이어야 한다.

그리고 학년별 독서 교육을 통해 독서하는 방법을 알게 하여 스스로 책을 읽고 자신의 생각을 표현할 줄 알도록 하는 것이 중요하다. 결국 학교에서의 독서 교육은 학생들이 일상적으로 책을 읽게 하는 독서 습관 형성을 목표로 한다. 그러나 학교에서 독서 교육을 지나치게 강조하면 학생들에게 독서에 대한 부담을 주거나 자칫 학생들의 독서 욕구를 저하시킬 우려가 있다. 읽은 책마다 무리하게 독후감을 쓰게 하거나, 학생들의 능력을 고려하지 않고 무조건 책을 읽으라고 강요하는 것도 좋지 않다.

독서 능력이나 독서 습관은 각기 학생의 능력을 고려해야 하며, 학생들의 학습 부담을 고려하여 결정해야 한다. 학교에서의 독서 교육은 학생들에게 풍부한 독서 자료와 정보를 제공하고 자주 독서에 대한 자극을 주어 강제적이지 않은, 자발적인 독서가 이루어지도록 한다.

2 독서의 필요성

독서의 필요성은 아무리 강조해도 지나침이 없다. 독서가 필요한 이유는 다음과 같다.

1) 새로운 지식과 정보

현대를 지식정보화 사회라고 한다. 지식정보화 사회에서는 지식이 매일 새롭게 만들어져 매일매일 새로운 지식과 이론이 홍수처럼 밀려온다. 이와 같은 쏟아지는 지식 중에서 자신에게 필요한 지식을 선별해내고, 세상을 살아가기 위한 폭넓은 교양을 갖추기란 쉽지 않다. 따라서 바쁜 현대인의 생활 속에서 내게 필요한 정보를 습득하기 위해서는 무엇보다 독서가 최선의 방법이다. 수많은 자료 속에 있는 내게 필요한 정보를 갖기 위해서는 독서 능력이 필요하다. 독서란 책 안에서 자신이 필요한 정보를 찾고, 그것을 가지고 인생을 헤쳐 나갈 나만의 풍부한 지식을 만드는 것이다.

2) 언어 사용 능력 향상

독서를 하기 위해서는 글을 읽을 줄 알아야 할 뿐만 아니라 어휘를 많이 알아야 하고, 글을 읽더라도 뜻을 알기 위해서는 단어의 개념을 정확히 알아야 한다. 이는 읽는 데만 국한되는 것이 아니라 책을 읽으면 풍부한 어휘력이나 문장력이 생겨서 말하거나 글을 쓰는 데도 도움이 된다. 독서를 하면 언어 사용 능력이 향상된다.

3) 간접 경험 확대

세상의 모든 일을 직접 경험하는 것은 불가능하지만 독서는 한정된 시간과 공간에서도 다양한 세계를 간접적으로 경험할 수 있게 해 준다. 독자는 독서를 통해 과거 역사나 다른 나라의 문화, 사는 방식과 가치관에 대해서 폭넓고 깊이 있는 경험을 간접적으로 체험할 수 있다.

4) 사고력과 상상력 향상

독서는 책을 통해서 다양한 사람들의 판단과 생각을 제시하고, 독자는 책의 내용을 내면화하는 과정에서 생각하는 힘을 얻는다. 뿐만 아니라 책의 내용을 통해서 전개되는 상황에서 그에 대처하는 방법이나 미래를 유추하게 함으로써 상상력이 길러진다.

5) 기쁨과 즐거움 획득

재미있는 책은 우리에게 기쁨을 주고, 책을 읽으면서 원하는 정보를 얻었을 때 즐거움을 느끼게 한다.

6) 정서 함양

독서는 우리가 일상생활에서 느낄 수 있는 다양한 감정을 보여 줌으로써 진정한 삶의 가치를 인식하게 하여 정서 함양을 돕는다.

7) 감 동

책을 통해서 독자는 다양한 사람들의 삶 속에서 자신이 찾던 공감대나 위안을 얻으며 감동을 느끼게 된다. 이러한 감동은 생활의 활력소가 되며 인생을 풍요롭게 한다.

8) 정신적 성숙

독자는 책을 통해서 다양한 정보를 습득하여 교양을 넓힌다. 뿐만 아니라 인생을 살아가는 방법을 배움으로써 훌륭한 인격을 갖추고 성숙한 삶을 살아가는 바람직한 인격 수양이 된다. 이러한 교양과 인격 수양은 독자의 정신적인 성숙을 가져오게 된다. 따라서 육체적 · 정신적 성장 시기에 있는 청소년들에게 독서는 매우 큰 영향력을 갖는다.

9) 문제 해결력 향상

독자는 독서를 통해서 일상생활에서 문제를 만나게 되었을 때 스스로 극복해 나갈 수 있는 문제 해결력의 실마리를 얻을 수 있다.

10) 여가 선용의 장 마련

독서를 통해 자투리 시간은 생산적인 시간이 된다. 독자는 독서를 통해 민주시민으로서 지녀야 할 교양과 건전한 취미생활, 자아 성장의 바탕을 기를 수 있다.

3 독서는 성공의 지름길이다

책 속에 길이 있고, 독서가 곧 국력이라는 말이 있다. 국민의 독서량이 곧 국가경쟁력과 직결된다는 이야기도 있다. 그러나 우리는 독서를 단순히 여가를 즐기는 문화 활동의 하나로 생각하여 상대적으로 가볍게 생각한다. 그래서 어른들은 자녀들이 책을 안 읽는 것에 대해서는 뭐라 하지 않지만 공부를 안 하는 것에 대해서는 불안해한다. 심지어는 자녀들에게 책 읽는 것보다 공부하기를 권하는 부모도 있다. 공부도 책을 읽는 것이며 독서의 한 부분인 것을 모르기 때문이다.

실제로 독서의 효과는 놀라울 정도다. 인류의 역사나 개인의 발전은 책에 의해 이루어졌다고 해도 과언이 아니다. 마이크로소프트사의 빌 게이츠도 동네의 작은 도서관이 지금의 자신을 만들었다고 하면서 독서의 중요성을 강조하였다. 성공한 여성으로 손꼽히는 토크쇼의 여왕 오프라 윈프리도 독서를 통해 지금처럼 성공하게 되었다고 이야기한다.

그런데 해가 갈수록 우리의 독서 인구는 줄어들고 있다. TV의 대중 보급에 이어 인터넷의 급속한 확산에도 원인이 있겠지만, 문제는 독서 환경이 열악하고 독서에 대한 관심도가 갈수록 떨어지고 있다는 점이다.

미국의 다국적 여론조사기관인 NOP가 전 세계 30개국을 대상으로 주당 독서 시간을 조사한 결과 우리나라 사람이 가장 책을 읽지 않는 것으로 나타났다. 독서 시간도 30개국의 평균치인 6.5시간의 절반에도 못 미쳐 조사 대상 30개국 가운데 불명예스러운 꼴찌를 했다. 참 부끄러운 이야기다.

독서 인구와 독서 시간이 떨어지는 것을 불경기 탓으로 돌릴 수도 있다. 국가 전체적으로 경기가 좋지 않기 때문에 우리 출판계가 극심한 불황을 겪은 것으로 치부해 보자. 그러나 일본은 불황기일수록 책이 많이 팔려 우리나라와는 대조적이다. 일본은 불경기일수록 불경기에서 벗어나려면 공부를 해야 한다는 것이 사회 전반적인 분위기이기 때문에 독서 인구가 증가하고 학원이나 평생교육원의 수강생이 많아진다. 그러나 우리는 불황기가 되면 학원이나 평생교육원의 수강생이 줄고 독서량도 줄고 있다.

우리는 걸핏하면 일본을 낮추어 보고 말하지만 일본에서 가장 부러운 것은 국민들의 독서 열기다. 일본의 전철을 타 보면 세계의 독서 인구 세계 제1위를 고수하고 있는 일본의 문화 국력이 경제대국을 뒷받침하고 있다는 것을 실감한다. 책 한 권 읽은 사람이 열 권 읽은 사람을 무슨 수로 당해 낼 것인가.

독서는 습관이지 계몽이나 교육으로 되는 것이 아니다. 따라서 독서는 자신의 생존과 성취욕구와 향상을 위해서 영혼의 비타민처럼 필수적이라는 습관적인 인식이 따라야 한다. 어린 시절에 독서 습관을 길러 주는 것은 교사나 부모의 절대적인 책임이자 과제다. 그러기 위해서는 어른들이 먼저 책을 읽는 모범을 보여야 한다. 그래야 미래가 불확실한 이 나라의 장래에 조금이라도 희망이 생길 것이다. 독서 인구가 늘어야 경제력과 국가경쟁력도 높아질 것이다. 독서는 한 개인의 삶을 부유하게 하는 원동력이며 국력이라는 것을 명심하자.

4 왜 독서 능력이 중요한가?

요즘 부모들은 자녀를 이른바 명문대학에 보내기 위해 공부를 잘해야 한다며 그들을 학교로, 학원으로 끊임없이 내몰고 있다. 현 시점에서 공부를 잘한다는 것은 궁극적으로 높은 시험점수를 의미한다. 그러나 시험에서 높은 점수를 받기 위해서 선행되어야 할 것이 문제를 읽고 그 의도를 정확히 파악하는 것이라는 사실을 인지하고 있는 부모들은 많지 않다.

그러면 어떤 학생이 문제를 읽고 출제자의 의도를 남들보다 정확히 파악할 수 있을까? 그 답은 바로 독서 능력에 있다. 독서 능력이 잘 닦여 있는 학생들은 다른 학생들과 같은 책을 읽거나 문제를 접할 때 바로 글쓴이의 의도나 글의 핵심을 찾아낼 수 있다. 그렇다면 독서 능력이란 무엇일까? 독서 능력이란 글을 읽고 글의 내용을 이해하고 글의 핵심을 찾아 정확히 기억할 수 있는 능력을 말한다.

요즘 부모들은 태교를 위해 아이가 배 속에 있을 때부터 책을 사기 시작한다. 또 아이가 기어다니기 시작하면 온갖 분야의 전집을 종류별로 사서 마치 전시하듯이 집에 꽂아 놓고 아이에게 읽어 주고, 책을 읽으라고 종용한다. 이렇게 많은 책을 사 주며 읽어 주는 열성 부모는 있으나 도대체 왜 책을 읽어야 하는지 그렇게 많은 책을 읽으며 얻은 정보는 어떻게 기억하고 사용해야 하는지 차근차근 알려 주는 부모는 거의 없다.

이런 아이들의 문제는 정보의 부재가 아니다. 머릿속에 계속해서 쌓여 가는 그 많은 보석 같은 정보를 어떻게 다듬고 선별해서 나만의 것으로 만드느냐, 어떻게 조합해서 정리하고 연결고리를 만들어 놓느냐가 정보의 홍수 속에 살고 있는 현재 우리 아이들에게 필요한 능력이다.

예전에는 시험 문제도 단순한 지식을 묻는 단답식의 객관식 형태였으나 지금은 학생들의 사고력을 측정하는 서술형으로 바뀌어 가고 있다. 더군다나 대학수학능력시험 또한 단순 암기 능력이 아닌 종합적 사고력을 측정하기 위한 방향으로 계속 진화하고 있다. 결국 시험 문제를 읽고도 문제를 이해하지 못하거나 의도를 파악하지 못한다면 정답을 찾을 수 없게 된다.

학습 능력이 부족한 학생들을 분석해 보면 대부분이 독서 능력을 갖추지 못했다는 사실을 알 수 있다. 그 학생들은 교과서를 읽어도 어떻게 읽어야 하는지 모르고, 핵심을 찾을 수 없기 때문에 시험에서 좋은 점수를 낼 수 없다. 하위권의 학생들이 아니더라도 독서 능력이 부족한 학생이라면 시험에서 문제의 형태를 조금만 변형해도 문제를 풀지 못하는 경우가 생긴다. 반면 상위권의 학생들은 제대로 된 독서 능력을 가지고 있기 때문에 어떤 시험에서도 항상 흔들림 없는 점수를 유지하는 것이다. 또한 상급학교로 진학하더라도 새로운 생활에 쉽게 적응하고 어려워진 교과도 큰 탈 없이 받아들인다. 그들은 제대로 된 방법을 알고 있기 때문이다.

5 성적 향상을 위해서 독서 능력을 키워라

부모는 아이의 독서 능력은 생각하지도 않고 초등학교에 들어감과 동시에 시험 결과만 가지고 아이의 능력을 판단한다. 아이들의 시험 성적이 나쁘면 왜 그런 점수가 나왔는지에 대해서는 관심이 없고, 오직 공부를 안 했다고 생각하거나, 머리가 나쁘다고 생각하기 일쑤다. 그런데 아이들이 공부를 못하는 가장 큰 이유가 바로 독서 능력 부족인 경우가 많다. 하지만 대부분 부모들은 독서 능력이 무엇인지를 모를뿐더러 독서 능력이 왜 중요한지도 모르기 때문에 독서 능력에 대해서는 관심도 없다. 자녀들이 공부를 못하는 원인을 알지 못하고 그저 공부만 하라고 하니 자연적으로 자녀와 갈등만 깊어가게 된다.

결국 이러한 성장 과정을 겪은 아이들은 당연히 공부가 싫을 수밖에 없다. 엄마가 나를 무조건 사랑하는 것이 아니라고 느끼게 되고 그 과정에서 엄마가 하는 소리는 모두 잔소리라고 인식하게 된다. 이때부터 공부는 무조건 싫은 것, 생각만 해도 짜증이 나는 것이 된다. 부모들은 독서 능력 하나가 아이의 인생을 결정짓는 중요한 요인이 될 수 있음을 깨달아야 한다.

독서 능력은 국어뿐 아니라 모든 과목에서 필요로 하는 기초적인 능력이다. 독서 능력이란 말 그대로 한 권의 책을 읽어서 그 뜻을 있는 그대로 이해하고 해석하는 능력을 말한다. 영어 시험에서 아무리 영어 문장을 잘 해석했더라도, 글의 핵심을 제대로 파악하지 못한다면 정답을 찾을 수 없다. 수학 공식을 아무리 많이 외웠다 하더라도 막상 우리말로 된 문제의 뜻을 이해하지 못한다면, 문장으로 길게 설명하고 응용해서 낸 수학 문제를 제대로 풀 수 없다. 즉, 수학 성적이 낮은 학생 중에는 수학 공식을 잘 알아도 말로 풀어져 나온 문제의 의미를 몰라서 아예 문제 자체를 풀지 못하는 경우가 많다. 독서 능력이 부족하기 때문에 생기는 현상이다.

독서 능력이 부족한 학생들은 문제에 사용된 어휘의 뜻을 몰라서 문제를 이해하지 못하는 경우도 많다. 그런 점에서 독서 능력의 일차적인 관건은 바로 어휘력이라고 볼 수 있다. 어휘력을 키우기 위해서는 평소에 생소한 낱말은 사전을 찾아 확실하게 그 뜻을 익혀 두는 습관을 들여야 한다. 그리고 글을 읽을 때는 낱말의 뜻에 얽매이지 말고 문장의 흐름을 중요하게 여겨야 한다. 아무리 어려운 낱말이라 하더라도 문맥에 따라 해석해 보면 거의 맞는 경우가 많다. 그렇게 익힌 낱말은 기억에도 오래가기 마련이다.

독서 능력이 부족한 학생들은 수동적으로 공부에 임하는 경우가 많다. 글을 읽을 때 그 내용에 집중하기보다는 그것을 통해 얻어야 하는 평가에 얽매이는 경우가 많다. 그렇게 낱말 하나하나에 신경을 쓰다 보니 전체적인 맥락을 보지 못하는 것이다. 전체적인 맥락을 보지 못하니 글을 읽으면 머리가 복잡해지고, 머리가 복잡해지니까 배경지식을 활용할 여유가 없다. 따라서 이런 학생일수록 공부에 여유를 가져야 한다. 평가 목표에 얽매이지 말고, 새로운 것을 알아가는 공부 자체에서 즐거움을 누리는 여유를 가져야 한다.

초등학생이면서 중학교, 고등학교 수능 문제까지 다루는 학생들의 공통점은 공부에 적극적이라는 것이다. 상급학교의 수능 문제를 풀어 보겠다는 의지를 갖기는 쉽지 않다. 우리말로 된 국어나 언어영역 문제를 푸는 것은 스스로의 의지가 있으면 집중력을 발휘해서 접근할 수 있는 것이다. 적극적인 자세가 독서 능력의 왕도다.

6 독서교육종합지원시스템이 독서기록장을 대신한다

지금까지는 학생들이 책을 읽고 나면 독서기록장을 이용해 독후감을 작성했다. 하지만 독서기록장은 노트 형태로 되어 있어서 적기가 불편하고, 보관도 어려웠다. 그리고 책을 많이 읽은 학생은 관리하기도 힘들었지만, 교사도 그것을 점검하는 일이 만만치 않았다.

그러나 이러한 문제를 극복할 수 있는 '독서교육종합지원시스템(http://reading.gnedu.net)'이 탄생했다. 교육과학기술부는 전국 16개 시 · 도 교육지원청별로 독서교육종합지원시스템을 구축하고, 서비스를 본격적으로 실시하고 있다. 독서교육종합지원시스템은 학생이 책을 읽고 이를 독후 활동기록으로 남기면 담당교사가 확인해 학생생활기록부에 반영, 기록하는 제도다. 독서교육종합지원시스템은 인터넷으로 운영되는 독서 관리 프로그램이기 때문에 컴퓨터만 있으면 언제 어디서든 독서감상문을 남길 수 있어 학생이나 교사에게 모두 편리하다.

이 제도는 원래 2004년도 부산시교육청(현 부산시교육지원청)이 학생과 일반인의 독서활동을 촉진하기 위해 전용 서버를 구축, 감상문 쓰기 · 동시 창작 · 인터뷰 등을 온라인에 기록한 데서 시작되었다. 2010년에는 부산 · 울산 · 경남 지역 대학교의 입학전형에서 실제로 입학사정관의 평가 자료로 활용되기도 했다.

교과부는 이러한 경험을 바탕으로 전국 단위의 서버 구축을 마치고 이 자료를 당장 2011학년도 대입 전형부터 사용하게 하였다. 이제 학생들은 독서기록장을 노트에 직접 작성하지 않고 종합지원시스템에 자신의 독서활동을 기록하면 된다. 그러면 입학사정관이 독서교육종합지원시스템을 통해 교사가 인증한 독서이력을 조회하여 입학사정관 전형에 반영하게 된다.

독서교육종합지원시스템에서 주로 쓰이는 메뉴는 '독후 활동하기'다. '독후 활동하기'에는 독서퀴즈, 편지 쓰기, 개요 쓰기, 감상문 쓰기 등의 방법이 있는데 초 · 중학생은 독서퀴즈와 감상문 쓰기를, 고등학생은 감상문 쓰기를 주로 이용하는 것이 좋다.

7 독서가 대학 입학을 결정한다

지금 대학들은 앞다투어 입학사정관제를 도입하고 있다. 성적 위주의 신입생 선발에서 다양한 기준으로 학생을 선발하겠다는 취지다. 입학사정관이 보는 중요한 자료는 학교생활기록부인데 생활기록부에는 내신 성적인 교과 영역과 출결 · 봉사활동 · 수상 · 임원경력 · 독서활동 상황 등으로 된 비교과 영역이 있다. 입학사정관제가 확대되면서 다양하고 깊이 있는 비교과 활동 부분이 부각되고 있다. 이 중에서 출결과 봉사활동은 대부분의 학생들이 개근을 하고 봉사점수를 다 채우기 때문에 학생 간의 차이가 별로 없다. 수상은 교과 관련 수상 실적은 기록하지 못하고, 임원 경력자는 반장이나 회장을 지낸 학생만 해당되기 때문에 소수라 큰 차이를 보이지 못한다. 결국 비교과 영역에서는 독서활동 상황이 가장 차이가 많이 나는 중요한 전형 요소가 될 수밖에 없다.

이미 많은 대학에서는 입학사정관 전형에서 독서활동을 주요 전형 요소로 명시하고 있다. 이러한 움직임은 독서활동이 학생들이 대학에 와서도 충분하게 공부를 할 수 있는 이해력, 창의력, 사고력을 높여 주는 방법이라고 생각했기 때문이다. 그리고 입학사정관제의 또 하나의 중요한 평가 자료인 자기소개서에도 독서활동을 기입하도록 하고 있으므로 독서와 입학사정관제는 매우 밀접하다고 할 수 있다. 결국 독서는 자기소개서에서도 표현할 수 있는 기회가 있으며, 독서교육종합지원시스템에도 독서 이력 기록장이 작성되어 포트폴리오로 제출해야 하기 때문에 대학 입학에 지대한 영향을 끼친다.

독서는 입학사정관제에만 관련된 것이 아니라 수능 시험 자체도 관련되어 있다. 수능 시험이 사고력을 평가하고 있는데, 이 사고력을 높여 주는 것이 바로 독서다. 또한 언어영역에서는 다양한 배경지식이 있어야 좋은 점수를 얻을 수 있는데, 바로 독서가 이러한 배경지식을 형성하는 가장 좋은 방법이다. 좋은 대학에 진학하기 위해서 초등학교 시절부터 목표로 하는 대학, 전공과 관련한 책을 읽고 기록을 남긴다면 좋은 평가를 받을 수도 있다.

8 읽기와 독서의 차이

사람들은 읽기와 독서의 차이를 잘 모르거나 그냥 같은 것으로 이해한다. 읽기는 글을 읽는 것이고, 독서(讀書)란 책을 읽는 것을 말한다. 따라서 독서를 읽기와 같은 의미로 보기 쉽다. 그러나 엄격하게 말하면 읽기와 독서 사이에는 많은 차이가 있다. 일반적으로 읽기는 글 읽기의 가장 초보적인 단계를 말하고, 독서는 글 읽기의 가장 마지막 단계를 의미하는 용어로 사용되어 왔다. 읽기는 글을 읽고, 이해하며, 내용을 분석 · 적용 · 비판하면서 글의 전체적인 의미를 파악하는 것이라 할 수 있다. 그러나 독서는 책을 읽고 뜻을 이해하는 수준에서의 글 읽기에서부터 견문 확장, 인격 수양, 정서 함양까지 포함하는 넓은 개념으로 이해해야 한다.

결과적으로 독서는 단순히 많은 책을 읽고 지식을 쌓는 데 도움이 되는 것을 넘어 인생 전체를 살 때 삶의 지표를 주거나 인생을 살아가는 데 지혜를 준다. 그러나 읽기는 글을 읽고 이해하고, 분석, 적용, 비판, 응용, 의미 파악을 하는 것이기 때문에 학습에 도움이 되며, 성적을 높이기 위해서 하는 것이다.

그렇다고 해서 독서와 읽기를 서로 완전히 다른 것으로 이해하면 안 된다. 그 둘 사이에는 아주 긴밀한 상호 관계가 있다. 바로 올바른 독서를 위해서는 제대로 된 읽기 능력이 뒷받침되어야 한다는 것이다. 그렇지 않다면 아무리 책을 읽어도 내용이 아닌 단순 문자로서의 형태로 남을 수밖에 없고, 시간을 그냥 소비해 버리는 꼴이 된다. 반면 읽기 능력이 형성되어 있는 상태에서의 독서는 글 이해를 바탕으로 하기 때문에 읽기 능력에 따라 독서 효율성도 함께 증가한다. 이런 방식으로 독서를 많이 하면 종합적인 사고력을 키우는 데 도움이 되고, 결국에는 대학수학능력시험을 잘 치를 수 있는 튼튼하고 정교한 학습 능력의 주춧돌이 마련되는 것이다.

종합해 본다면 독서는 지금 당장 학습과는 관계가 없지만 평생학습 능력을 향상시키고, 읽기는 학습 능력과 학업성취도를 향상시키는 데 직접적으로 영향을 미치는 것이다.

독서와 읽기의 비교

비교	독서	읽기
의미	책을 읽는 것	글을 읽는 것
단계	마지막 단계	초보적인 단계
개념	글 읽기에서부터 견문 확장, 인격 수양, 정서 함양까지 포함하는 넓은 개념	글을 읽고 이해하고, 내용을 분석, 적용, 비판하면서 글의 전체적인 의미를 파악
효과	인생 전체를 살 때 삶의 지표를 주고, 인생을 살아가는 데 지혜를 줌	학습에 도움이 되며, 성적을 높임
결과	평생학습 능력 향상	학습 능력과 학업 성취도 향상

활동 1 독서 이해하기

독서에 대한 개념을 이해하기 위한 활동이다. 이 활동을 통해 아이들이 독서에 대한 중요성과 필요성을 인식하도록 지도한다.

독서에 관하여 생각하면서 답해 봅시다.

<table>
<tr><td>내가 생각하는 독서란?</td><td colspan="2">책을 읽는 것이다.</td></tr>
<tr><th>구분</th><th>독서</th><th>읽기</th></tr>
<tr><td>의미</td><td>책을 읽는 것</td><td>글을 읽는 것</td></tr>
<tr><td>단계</td><td>마지막 단계</td><td>초보적인 단계</td></tr>
<tr><td>개념</td><td>글 읽기에서부터 견문 확장, 인격 수양, 정서 함양까지 포함하는 넓은 개념</td><td>글을 읽고 이해하고, 내용을 분석·적용·비판하면서 글의 전체적인 의미를 파악</td></tr>
<tr><td>효과</td><td>인생 전체를 살 때 삶의 지표를 주거나 인생을 살아가는 데 지혜를 줌</td><td>학습에 도움이 되며, 성적을 높임</td></tr>
<tr><td>결과</td><td>평생학습 능력 향상</td><td>학습 능력과 학업 성취도 향상</td></tr>
<tr><td>독서의 필요성</td><td colspan="2">• 지식과 새로운 정보를 얻는다.
• 언어 사용 능력을 증가시켜 준다.
• 간접 경험을 확대시켜 준다.
• 사고력과 상상력을 길러 준다.
• 기쁨과 즐거움을 얻는다.
• 정서를 함양시켜 준다.</td></tr>
<tr><td>독서 능력을 기르기 위해서 내가 해야 할 일은?</td><td colspan="2">• 책을 많이 읽는다.
• 새로운 생각을 한다.
• 반대로 생각하는 습관을 기른다.</td></tr>
</table>

독서 능력 검사

이 질문은 여러분의 독서 능력을 알아보려는 것이니 솔직하게 대답해 주십시오. 해당 문항이 맞으면 '예'에, 맞지 않으면 '아니요'에 체크해 주세요.

	나의 독서 능력은 어느 정도일까요?	예	아니요
1	제목을 보면 제목과 관련해 알고 있는 것을 연상한다.		
2	책을 읽으면서 내용과 관련해 알고 있는 지식을 떠올린다.		
3	책을 읽으면서 내용과 관련된 경험을 연상한다.		
4	책을 읽으면서 적절한 상황에 연관시켜 본다.		
5	책을 읽으면서 전체 내용과 연관시켜 읽는다.		
6	모르는 단어를 보면 정확한 뜻을 생각해 본다.		
7	내용의 난이도나 중요한 정도에 따라 읽는 속도를 달리한다.		
8	책을 읽으면서 눈으로만 읽는 게 아니라 기억하려고 노력한다.		
9	내용과 관련해 궁금한 것에 대해 스스로 질문해 보고 답해 본다.		
10	그래도 모르는 내용에 대해서는 밑줄을 그어 놓고 찾아본다.		
	'예'에 답한 총 개수 ( )개		

'예'가 체크된 문항에 따라

- 8~10개: A 유형-독서 능력이 높군요.
- 4~7개: B 유형-독서 능력이 조금 높은 편이네요.
- 0~3개: C 유형-독서 능력을 기르기 위해 노력하세요.

[A 유형]
- 독서 능력을 잘 아는 유형으로, 독서를 효율적으로 하는 학생이다.
- '아니요'라고 답한 것만을 찾아서 부족한 부분을 지도해 준다.

[B 유형]
- 독서 능력을 대략 아는 유형으로, 평소 독서에 관심을 가지고 있는 학생이다.
- '아니요'라고 답한 것만을 찾아서 부족한 부분을 지도해 준다.

[C 유형]
- 독서 능력을 전혀 모르는 유형으로, 평소 독서에 효율성이 없는 학생이다.
- 전반적으로 독서 능력을 숙달하도록 처음부터 지도해 준다.

제 2 장

독서의 시작, 흥미를 갖게 하라

독서의 시작, 흥미를 갖게 하라			
세부 내용		효과적인 독서 방법 알기	
목표		효과적인 독서를 할 수 있다.	
단계		교수 · 학습 활동	자료
1	도입단계	• 독서 방법의 필요성 이해하기 • 독서 방법에 대한 학습동기 유발	
2	전개단계	• 책에 대한 흥미를 갖게 한다 • 책을 좋아하게 한다 • 독서 습관을 기른다 • 독서 방법을 지도한다	활동지
3	정리단계	• 학습 소감 발표 –독서 방법을 효율적으로 하기 위한 방법에 대해 발표하기 –활용 계획 이야기하기	

1 책에 흥미를 갖게 한다

초등학교 입학 전까지를 전독서기라고도 한다. 글을 읽기 이전 단계로 주로 음성 언어를 사용하는 시기이며, 독서에 필요한 심리적 · 생리적 요인이 발달하는 시기다. 이 단계는 독서에 필요한 기초적 요인이 발달하는 시기이므로, 외부 자극이 다양하게 주어질수록 좋다. 따라서 글을 읽지 못하는 영유아일 때는 부모가 전래동화, 그림책을 읽어 주는 것과 컴퓨터나 라디오, TV와 같은 매체에서 보고 듣게 되는 것이 언어 발달에 영향을 미친다. 글을 읽을 수 있는 아이는 전래동화, 그림책을 스스로 읽고 다양한 매체를 자주 접할수록 언어 능력이 발달하게 된다. 결국 독립적으로 동화책이나 그림책을 읽을 수 없는 아이들의 읽기 능력이 향상되는 데는 부모의 노력이 매우 중요하다.

1) 전래동화와 그림책을 읽어 준다

글을 못 읽는 아이들에게 가장 친근한 엄마라는 매개체를 통하여 전래동화와 그림책을 읽어 주는 것은 자율적인 독서 습관 형성과 창의적인 사고력 향상에 도움을 주고, 엄마와의 정서적인 교감을 이루는 데 도움이 된다.

유아 단계에서는 아이가 고르기보다는 부모가 책을 골라야 하는데 처음부터 긴 내용보다는 짧고 그림이 많은 책을 보여 주면서 읽어 주는 것이 훨씬 좋으며 읽어 주기보다는 책을 보면서 대화를 나누는 것이 좋다. 만약 읽어 주는데 아이가 딴 짓을 하거나 흥미 없어 하면 아이에게 맞지 않는 책이므로 다른 책을 선정하는 것이 좋다. 사물을 판별하는 나이가 되면 아이가 좋아하는 책을 읽어 주면 좋다.

아이들에게 읽어 줄 만한 책의 예는 다음과 같다.

아이에게 읽어 줄 만한 책

제목	출판사	내용
눈을 감아 봐	아이세움	잠들고 싶지 않은 아기 호랑이의 깜찍한 투정, 호락호락 넘어가지 않는 엄마 호랑이의 질문과 대답이 재미있다.

엄마를 잠깐 잃어버렸어요	보림큐비	꾸벅꾸벅 잠을 자다 길을 잃은 아기 부엉이가 엄마를 찾아가는 여정이 따뜻하고 재치 있게 그려진 책이다.
내가 아빠를 얼마나 사랑하는지 아세요?	베틀북	아기 토끼와 아빠 토끼가 누가 더 많이 사랑하는지 표현하는 이야기로 아이에게 아빠가 얼마나 자신을 사랑하는지 크게 표현하며 읽어 주면 좋은 책이다.
언제까지나 너를 사랑해	북뱅크	부모의 끝없는 자식 사랑의 마음을 따뜻한 그림과 함께 표현한 책이다.
원숭이 오누이	한림출판사	부모님에게 혼나더라도 혼자 놀고 싶은 맏이의 기분, 어떻게 해서라도 같이 있고 싶은 동생의 기분을 모두 말해 주는 모든 형제자매를 위한 그림책이다.
마법 침대	시공사	조지는 아빠와 함께 중고 가구점에서 소원을 빌고 주문을 외우면 원하는 곳으로 여행을 보내 준다는 마법 침대를 산다. 그 후 밤마다 꿈나라로 즐거운 여행을 떠난다는 이야기다.
그래도 엄마는 너를 사랑한단다	중앙출판사	아무리 말썽을 피우고 심한 장난을 쳐도 아이들은 여전히 귀여운 것처럼, 올리비아의 엄마도 올리비아를 사랑한다고 말한다.

2) 텔레비전, 비디오, 컴퓨터와 같은 매체를 통해 보고 듣게 한다

텔레비전, 비디오, 컴퓨터를 통한 정보는 시각과 청각을 자극하기 때문에 책보다 집중해서 보고 듣는다. 엄마가 옆에 앉아서 아이와 텔레비전, 비디오, 컴퓨터가 주는 정보에 대해서 이야기를 해 주면 좋은 매체가 될 수 있다. 하지만 아이 혼자 앉혀 놓은 채 텔레비전, 비디오, 컴퓨터를 보게 하면 사람과의 교류를 배우지 못하게 될 뿐 아니라 말도 늦어질 수 있다. 또 텔레비전, 비디오, 컴퓨터가 주는 자극에 중독될 수도 있다.

3) 글을 읽을 수 있는 아이는 전래동화나 그림책을 스스로 읽게 한다

요즈음 발달이 빠른 아이들은 30개월만 지나도 책을 읽을 수 있다. 이런 경우 글자를 전부 터득한 경우도 있지만, 엄마가 읽어 주는 내용을 전부 암기해 버려서 읽는 것처럼 생각되기도 한다. 그러나 암기하는 아이들도 금방 글을 깨우쳐 읽기 능력이 높아지기도 한다. 글을 읽을 줄 아는 아이에게는 읽어 줄 때의 책보다 좀 더 길고 등장인물도 많은 책을 권한다.

2 책을 좋아하게 한다

독서 능력을 높이려면 가장 먼저 책을 좋아하게 해야 한다. 그러기 위해서는 아이에게 맞는 좋은 책을 선택해야 한다. 그리고 읽기 습관을 바람직하게 형성하며, 올바른 판단력과 비판력을 기르기 위해서는 읽기 자료를 효율적으로 사용하는 것이 좋다. 읽기 자료의 효율적인 사용으로 아이의 독서 습관을 제공하며, 읽기 습관을 바로잡아 줄 수 있다. 읽기 자료에는 이야기, 이야기 읽어 주기, 읽고 나서 느낀 점 말하기, 읽기 감상문 쓰기, 그림 보고 이야기 꾸미기 등이 있다.

읽기 자료를 효과적으로 활용할 수 있는 방법은 다음과 같다.

1) 학생에게 맞는 책을 선택한다

읽기를 잘하기 위해서는 우선 책을 잘 선택해야 한다. 책을 잘못 선택하면 아이들의 흥미나 책을 읽으려는 동기를 떨어뜨린다. 따라서 무엇보다 중요한 것이 책을 잘 선택하는 것이다. 책을 선택하는 방법은 다음과 같다.

- 재미있는 책을 선택한다

독서에 관심을 가지고 지속적으로 책을 읽게 하기 위해서는 어렵고 딱딱한 책보다는 쉽고 재미있는 책을 선택하는 것이 좋다.

- 구체적인 것이 제시되어 있는 책을 선택한다

초등학교 고학년이나 되어야 추상적 사고를 하기 때문에 구체적으로 내용을 설명한 책을 선택하는 것이 좋다.

- 역사를 바르게 인식할 수 있는 책을 선택한다

역사적 사실만큼 구체적인 것이 없다. 역사적 사실을 개인적 입장에서 집필한 것보다는 일반적으로 알려진 관점에서 본 내용으로 구성된 책을 선택하는 것이 좋다.

• 학생 수준에 알맞은 책을 선택한다

아무리 좋은 책이라 해도 독자의 발달 단계, 지식 수준에 맞아야 한다. 책의 수준이 학생의 수준보다 너무 높으면 결국은 중간에 읽는 것을 포기하기 때문에 수준에 맞는 책을 선택하는 것이 매우 중요하다.

• 학교 공부에 도움이 되는 책을 선택한다

학생 시기에는 아무 책이나 읽기에는 시간이 부족한 경우가 많다. 따라서 학교 공부와 관련한 내용을 다루는 책을 선택하면 공부에도 도움이 된다.

• 인생의 교훈이 되는 책을 선택한다

요즘에는 학생들의 인성 교육을 강조하지만 스스로 깨닫지 않고 인성을 바꾸기는 어렵다. 따라서 좋은 인성을 얻을 수 있는 교훈이 들어 있는 책을 선택해서 읽게 하면 인성을 변화시키는 데 도움이 된다.

• 생활에 도움이 되는 책을 선택한다

책을 읽어서 재미만 있는 것이 아니라 실생활에 도움이 된다면 더할 나위 없는 책이라 할 수 있다. 책을 읽고 실수를 줄이거나 시간을 줄일 수 있는 책을 선택하게 하면 도움이 된다.

• 상상력을 길러 주는 책을 선택한다

책을 읽을수록 호기심이 생기고 새로운 생각을 자극하는 책을 읽으면 좋다. 이러한 책은 상상력을 자극할 뿐만 아니라 기억에 강하게 남기 때문이다.

• 성공한 사람들이 권하는 책을 선택한다

성공한 사람들은 나름대로 책을 통해서 인생의 변화를 경험한 경우가 많다. 자신의 인생에서 중요한 책을 권하는 경우가 많기 때문에 성공한 사람들이 추천하는 책을 읽는 것은 매우 유익하다.

책을 좋아하게 도와주는 책

제목	출판사	내용
학교는 즐거워	키다리	학교에서 벌어지는 여러 가지 단편적인 일을 재미있는 그림으로 표현한 그림책이다. 학교생활에서 겪게 되는 여러 가지 상황을 재미있게 보고 느낄 수 있도록 도와준다.
알몸으로 학교 간 날	아름다운사람들	늦잠을 잔 피에르가 옷을 입지 않고 알몸인 채로 학교에 가서 생긴 하루의 일과를 보여 주는 책이다.
게으른 고양이의 결심	주니어김영사	주인공인 게으른 고양이가 벼룩을 떼어 내기 위해 바깥세상으로 나와 이웃과 소통한다는 내용이다.
어린이를 위한 365 매일 읽는 긍정의 한 줄	책이있는풍경	어린이의 눈높이에 맞는 이야기로 위인의 명언을 묶은 명언집이다. 명언의 영어 원문도 함께 실려 있어 영어를 자연스럽게 익히기에 좋다.

2) 재미있는 이야기 들려주기를 통해 상상력을 키운다

글을 읽는 능력이 부족한 아이에게 읽기의 기초를 터득하는 가장 쉬운 방법이 바로 재미있는 이야기 들려주기다. 이야기 들려주기는 엄마가 아이들에게 전통적인 방법으로 애정을 가지고 책을 읽어 주었던 경험을 가지고 있기 때문에 흥미를 불러일으키는 방법이다. 이야기 들려주기는 부모와 듣는 아이의 마음과 정신의 교류를 통하여 읽기를 모르거나 독서 습관이 부족한 아이에게 상상력을 길러 주는 데 효과적이다. 특히 이야기 들려주기는 본격적인 읽기를 시작하기 이전의 아이와, 활자에 익숙하지 못한 아이들을 대상으로 독서 습관을 향상시키기 위한 방법이다.

- 이야기 들려주기의 효과

이야기 들려주기는 글자에 대한 저항을 제거해 줄 뿐만 아니라, 글을 읽는 것에 대한 관심과 글을 읽어야겠다는 동기를 유발한다. 또한 이야기 들려주기를 통해 아이는 학교의 수업 시간에 집중이 잘 되고 학습 내용 이해에 도움을 받을 수 있다. 뿐만 아니라 이야기를 듣는 동안 아이는 상상력과 어휘력이 발달하고 언어 사용 능력이 신장된다. 아이가 읽기를 좋아하느냐 아니냐는 얼마나 이야기를 많이 듣고 자랐느냐에 좌우된다. 아이들이 이야기를 들으면서 즐거움을 느끼는 것은 독서입문기의 아이에게 독서 습관의 기초를 형성하는 데 중요한 역할을 수행한다. 따라서 이야기 들려주기는 이야기에 대한 흥미를 자극하고 책 읽는 것에 대한 흥미를 유발하여 책과도 접할 수 있는 계기를 만들어 준다.

- 이야기 들려주기의 소재
  - 전설, 민담, 신화, 옛날 이야기와 같이 흥미 있는 것이 좋다.
  - 아이들이 관심을 가질 만한 우리 생활 주변의 일에 대한 이야기를 한다.
  - 비교적 등장인물이 적고 내용이 분명한 것을 선택한다.
  - 단순한 반복이 많고 이야기가 풍성하게 나오는 것이 좋다.

읽어 주기 좋은 재미있는 이야기

제목	출판사	내용
책 먹는 여우	주니어김영사	책 먹는 여우의 행복한 책읽기
나쁜 어린이 표	웅진주니어	하는 일마다 꼬이고 별로 잘못하지도 않은 것 같은데 자꾸 꾸중을 듣는 아이의 마음을 그린 생활 동화
10원으로 배우는 경제이야기	영교출판	7~10세 어린이들이 꼭 알아야 할 경제 상식을 쉽고 재미있게 설명한 책
신나는 열두 달 명절이야기	주니어랜덤	그냥 쉽게 지나가 버리기에는 너무나 아까운 우리의 소중한 전통 명절 이야기 책
가방 들어 주는 아이	사계절	장애를 소재로 다룬 작품이 대부분 '장애인의 고통'에 초점을 맞추었다면 이 작품은 '주변인의 고통'에 더 중심을 두어 관점의 변화를 시도하고 있다.
행복한 청소부	풀빛	독일의 거리표지판을 닦으며 즐겁게 일하는 청소부 아저씨의 이야기
아낌없이 주는 나무	시공주니어	진정한 사랑이 무엇인가를 일깨워 주는 나무의 아름다운 이야기

- 이야기 들려주기 지도 방법

이야기의 들려주기의 효과는 이야기하는 사람에 따라, 목소리에 따라, 이야기의 전개에 따라 미묘한 차이가 있다. 특히 이야기를 할 때 구연동화나 화술이 좋으면 아이들의 집중도가 높아지고 효과가 높다. 이야기를 잘 하기 위해서는 다음과 같은 점을 고려해야 한다.

- 아이들이 좋아하는 소재를 잘 선택해야 하다.

–이야기를 들려줄 환경이 조성되어야 한다.
–이야기해 주는 사람은 이야기를 충분히 알고 있어야 한다.
–이야기할 때는 이야기에 몰입해서 진짜처럼 해야 한다.
–편안하고 재미있는 이야기로 선정해야 한다.
–이야기가 보이는 것처럼 설명을 구체적으로 해야 한다.
–간결하고 시종일관 성실하게 이야기한다.
–이야기가 지니고 있는 감칠맛을 살려서 이야기한다.

3) 책 읽어 주기를 통해 독서 습관을 신장시킨다

책 읽어 주기는 부모가 직접 책을 읽어 주는 것이기 때문에 비교적 손쉽게 실시할 수 있으며 개인적인 기술도 크게 필요 없다. 책 읽어 주기는 아직 독서 습관이 자리 잡지 못한 아이에게 책을 읽어 주어 독서 습관을 향상시키는 목적으로 활용한다.

- 책 읽어 주기 효과

책 읽어 주기는 책의 활자를 생생하게 이미지화하고 상상력을 길러 줄 수 있다. 독서는 수동적이라 할 수 있지만 읽어 주기는 읽어 주는 사람의 감정과 풍부한 경험을 바탕으로 하기 때문에 적극적으로 아이를 동참하게 할 수 있다. 활자를 생동감 있게 읽어 주므로 책에 대하여 흥미와 관심을 가지게 할 수 있다. 또한 어휘력뿐만 아니라, 독서 습관을 신장시키는 데 많은 도움을 준다. 이야기는 아이나 어른 모두 좋아한다.

- 책 읽어 주기 작품
  –이솝우화와 전래동화가 좋다.
  –아이가 좋아하는 책을 읽어 준다.

- 책 읽어 주기 방법
  –아이들의 개인차가 있으므로 부모는 읽는 속도를 조절해야 한다.
  –아이들이 계속 주의 깊게 듣고 있는지 확인한다. 책을 읽어 주는 동안 아이가 지루해하지 않도록 배려하면서 읽어 주어야 한다.

-흥미를 자극하고 극대화하기 위해서는 읽어 주면서 질문한다.

-억지로 생각을 강요하지 않아야 한다.

-질문과 응답의 시간이 너무 길어 읽어 주기에 방해가 되어서는 안 된다.

읽어 주면서 질문할 내용

- 가장 재미있는 것은 무엇이니?
- 왜 재미있니?
- 왜 좋으니?
- 가장 마음에 드는 인물은 누구니?
- 그 사람이 왜 마음에 드는데?
- 이다음에 어떤 이야기가 나오면 좋을까?
- 가장 생각나는 장면은 무엇이니?
- 이야기를 듣고 어떤 생각이 나니?
- 그다음은 어떻게 될 거 같아?
- 지금 어떤 느낌이니?

활동 2 독서 보고서 작성하기

독서 습관이 제대로 형성되어 있지 않은 아이들이 독서 습관을 형성하도록 도와주기 위한 활동이다. 아이들이 선생님이 들려준 동화를 듣고 물음에 답해 보도록 지도한다.

동화를 듣고 이야기 속에서 가장 재미있었던 부분과 재미없었던 부분을 적어 봅시다.

〈선녀와 나무꾼〉

가장 재미있었던 부분은

나무꾼이 선녀의 옷을 숨겨 하늘나라에 못 가게 한 내용

이었고요. 그 이유는

나쁜 일이지만 꿈을 이루었기

때문이죠.

가장 재미없었던 부분은

선녀가 하늘나라에 가 버린 내용

이었고요. 그 이유는

슬프기

때문이죠.

3 독서 습관을 기른다

독서 능력을 높이려면 독서 습관을 바람직하게 형성하며, 올바른 판단력과 비판력을 기르기 위한 읽는 습관을 길러 주는 것이 좋다. 초등학교 저학년은 읽기 능력이나 독서 습관을 형성해 가는 시기다. 읽기 능력이 정착되지 않은 상태에서 고학년이 되면 학습이 진행되면서 점차 수업을 따라가기가 어렵고 결국에는 뒤처지는 학생이 되기 쉽다. 따라서 초등학교 저학년에서 읽기 능력을 높이고 독서 습관을 길들이는 것은 매우 중요하다. 읽기 능력을 높이고 읽기 습관을 길들이기 위한 활동에는 글을 읽고 나서 감상화 그리기, 독서 감상문 쓰기, 그림 보고 이야기 꾸미기, 이야기 지도, 책 제목으로 끝말 이어가기, 책 속에 나온 낱말로 짧은 글 짓기, 사건의 순서 알고 말하기, 재미있는 말 찾기 등이 있다. 읽기 능력과 독서 습관을 형성하는 방법은 다음과 같다.

1) 독서 감상화 그리기를 통해 독서를 즐겁게 한다

독서 감상화 그리기는 글을 읽은 내용 중에서 재미있었거나 인상적인 내용을 그림으로 표현하는 것을 말한다. 독서 감상화 그리기는 글쓰기 능력이 부진한 학생이 부담을 느끼지 않고 즐거운 마음으로 할 수 있다는 장점을 가지고 있다.

- 독서 감상화의 효과

독서 후 자신의 생각을 그림이라는 수단으로 표현함으로써 보다 흥미로운 독서를 할 수 있을 뿐만 아니라 그 감동도 오래 간직할 수 있다. 아이의 상상력을 자극하고 창의력을 개발하여 아이의 감성을 보다 풍부하게 한다.

- 독서 감상화의 소재

아이의 발달 특성에 맞는 독서 감상화 지도가 필요하다. 즉, 발달 수준이 높은 아이는 고급 감상화를 그리도록 지도하며, 발달 수준이 낮은 아이에게는 간단한 감상화를 그리도록 지도한다.

－읽고 난 글의 주인공 그리기
－책 표지 보고 따라 그리기
－재미있게 읽은 책의 삽화 보고 따라 그리기

• 독서 감상화 그리는 방법

가장 기억에 남는 장면이나 재미있었던 장면에 대해 질문하고 대답하면서 대화를 나눈다. 유의할 점은 지나치게 그리기에 치중하면 아이들이 감상화에 부담을 느껴 독서를 기피하는 경향이 있으므로 부모의 세심하고 친절한 보살핌이 필요하다. 아이들에게 부담이 없으면서 즐거운 마음으로 감상화 그리기에 모두가 참여할 수 있고 원래의 목적을 달성하기 위해서는 강제적이고 의무적인 것이 되지 않아야 한다.

독서 감상화 그리면서 질문할 내용

- 주인공은 누구인가?
- 가장 기억에 남는 장면은 무엇인가?
- 가장 재미있었던 장면은 무엇인가?
- 왜 그 장면이 기억에 남는가?

2) 독서 감상문 쓰기로 생각하는 능력을 길러 준다

독서 감상문 쓰기는 책을 읽고 나서 느낀 감정을 쓰는 것이다. 독서 감상문이라고 해서 완벽한 산문처럼 작성하게 하는 것이 아니라, 간단한 주제를 주고 쉽게 쓰는 것으로 해야 아이들이 부담을 느끼지 않는다. 부모가 쉬운 주제를 통하여 지속적인 칭찬과 격려를 통해 성취감을 느끼게 하고 생각하는 능력을 키우는 것이 중요하다. 독서 감상문 쓰기는 글로 표현하는 것을 좋아하는 아이들에게는 글로 쓰게 하고, 글자를 아직 쓰지 못하는 아이들에게는 어려운 활동이므로 말로 표현하게 한다.

독서 감상문의 소재

- 책이나 교과서를 읽고 줄거리 적기
- 읽은 내용을 정리해서 간추리기
- 읽은 내용에 대한 느낌 적기
- 글의 주인공에 대하여 평가하기
- 가장 기억에 남는 장면에 대해 설명하기
- 가장 재미있었던 장면에 대해 설명하기

• 독서 감상문의 효과

책을 읽은 후 자신의 생각을 정리하여 글이나 말로 표현하게 함으로써 글을 읽으면서 의미를 이해하고 개념을 형성하는 습관을 길러 주고, 비판적인 읽기 습관을 갖게 한다.

• 독서 감상문 지도 방법

먼저 느낌을 문장으로 표현하는 훈련을 한다. 부모가 느낌을 표현하기에 좋은 이야기 자료를 선정해 읽어 주고 나서 아이들 마음속에 어떤 생각이 나는지를 질문한다. 기쁘다, 슬프다, 행복하다, 나쁘다 등 형용사를 사용해 문장을 표현할 수 있도록 지도한다. 아이들이 책을 읽고 줄거리와 느낌을 표현할 수 있는 훈련이 어느 정도 이루어지면 독서 감상문을 쓴다. 독서 감상문 쓰기를 한 후에는 발표하는 시간을 갖는다.

3) 독서 자료로 상상력을 키워 준다

독서 자료를 통해서 아이의 상상력을 키워 주는 것은 매우 중요하다. 글을 읽으면서 아이의 상상력을 자극하는 질문을 하는 것도 좋지만 책 안에 들어 있는 그림을 보면서 이야기를 꾸미거나, 책 제목을 보고 끝말을 이어가거나, 책 속에 나온 낱말로 짧은 글을 지어 보는 것도 아이의 상상력을 키우는 방법이다.

• 그림 보고 이야기 꾸미기

그림 보고 이야기 꾸미기는 책에 나와 있는 그림을 보고 이야기를 만들어 발표하게 하는 것을 말한다. 책의 그림을 보고 아이들이 생각을 자유롭게 표현할 수 있는 상상력과 언어 사용력을 신장시키는 기회를 준다. 그림 보고 이야기 꾸미기는 책이 주는 딱딱한 이미지를 벗고, 친근한 상상을 통해 책의 내용을 이해하고 줄거리도 상상하게 하는 활동으로 독서에 대한 흥미를 유발시키는 활동이다.

- 책 제목으로 끝말 이어가기

책 제목으로 끝말 이어가기는 책에 나와 있는 소제목으로 끝말을 이어가도록 지도하는 활동을 말한다. 끝말 이어가기는 쉽고 재미가 있어 모든 아이들이 적극적으로 참여한다. 특히 문자를 완전히 체득하지 못한 아이들에게 칭찬과 용기를 줄 수 있는 방법으로 아이들에게 자신감을 길러 준다. 책을 읽기 전에 흥미 유발을 위해 실시하거나 읽은 후에 실시해도 좋은 방법이다. 끝말 이어가기는 어휘 사용 능력을 신장시키고 협동심을 키운다.

- 책 속에 나온 낱말로 짧은 글 짓기

책 속에 나온 낱말로 짧은 글 짓기는 낱말의 이해를 높이고 자연스러운 작문 능력 향상에 도움을 준다. 독서를 통해 언어의 규칙을 자연스럽게 익힐 수 있어 언어 사용 능력 신장에도 효과적이다.

활동 3 독서 감상화 그리기

독서 습관이 제대로 형성되어 있지 않은 아이들을 위하여 독서 습관을 형성하기 위한 활동이다. 아이들이 글을 읽고 그림을 그리면서 물음에 답해 보도록 지도한다.

다음 글을 읽고 생각나는 장면을 그린 후 물음에 답해 봅시다.

미국에서 태어난 헬렌 켈러는 세상에 태어난 지 9개월 만에 큰 병을 앓아 시력을 잃었고, 들을 수도 없으며, 말도 할 수 없는 장애인이 되었다. 그는 모든 장애를 다 가지고 있으면서도 하버드 대학교를 졸업하였으며 유명한 저서까지 남겼다. 헬렌 켈러는 자신의 불행에 좌절하지 않고 불가능을 극복하여 장애인들에게 큰 힘과 용기를 주었다.

① 주인공은 누구입니까?

헬렌 켈러

② 가장 기억에 남는 것은 무엇입니까?

헬렌 켈러는 시력을 잃고, 들을 수도 없고, 말할 수도 없는 장애인이다.

③ 가장 재미있었던 것은 무엇입니까?

하버드 대학교를 졸업하고 유명한 저서를 남겼다는 사실

④ 느낀 점은 무엇입니까?

어려운 여건에서도 노력하면 성공할 수 있다.

활동 4 독서 감상문 작성하기

독서 습관이 제대로 형성되어 있지 않은 아이들을 위하여 독서 습관을 형성하기 위한 활동이다. 아이들이 책을 한 권 정해서 읽고 난 후 다음과 같은 독서 감상문을 작성하도록 지도한다.

책을 읽고 다음 물음에 답해 봅시다.

〈흥부와 놀부〉

1 줄거리를 적어 봅시다.

마음 착한 흥부는 복을 받고 놀부는 벌을 받았다.

2 내용을 요약해 봅시다.

흥부는 다리가 부러진 제비를 치료해 줘서 보물씨를 받았으나 놀부는 제비다리를 부러뜨려 도깨비씨를 받았다.

3 책을 읽은 느낌은 무엇입니까?

착한 일을 해야겠다.

4 글의 주인공은 어떻게 되었습니까?

착한 일을 해서 복을 받았다.

5 가장 기억에 남는 것은 무엇이었습니까?

놀부처럼 살지 말아야겠다.

6 가장 재미있었던 것은 무엇이었습니까?

마음씨 나쁜 놀부가 벌을 받은 것

활동 5 그림 보고 이야기 꾸미기

독서 습관이 제대로 형성되어 있지 않은 아이들을 위하여 독서 습관을 형성하기 위한 활동이다. 아이들이 그림을 보고 이야기를 꾸며서 말해 보도록 지도한다.

다음 그림을 보고 이야기를 만들어 말해 봅시다.

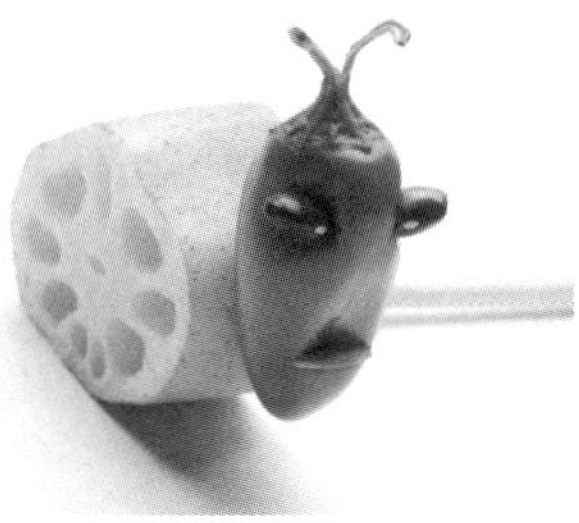

활동 6 책 제목으로 끝말 이어가기

독서 습관이 제대로 형성되어 있지 않은 아이들을 위하여 독서 습관을 형성하기 위한 활동이다. 아이들이 다음의 책 제목을 보고 끝말 3개를 쓰도록 지도한다.

다음 책의 제목을 보고 끝 글자로 시작하는 단어를 3개씩 써 봅시다.

책 제목	끝말 이어가기
떴다 방구차	차돌, 차량, 차질
잘못 뽑은 반장	장터, 장난감, 장국밥
뇌는 정말 신기해	해바라기, 해군, 해태
위기탈출 넘버원	원숭이, 원두막, 원천
인체에서 살아남기	기차, 기관, 기량
손도끼를 든 아이	이빨, 이삭, 이사
어흥 호랑이가 달린다	다람쥐, 다방, 다수
꺼벙이 억수	수박, 수군, 수량
책귀신 세종대왕	왕관, 왕자, 왕비
마법 천자문	문제, 문법, 문답

활동 7 책 속에 나온 낱말로 짧은 글 짓기

독서 습관이 제대로 형성되어 있지 않은 아이들을 위하여 독서 습관을 형성하기 위한 활동이다. 아이들이 책 속에 나온 낱말로 짧은 글을 짓도록 지도한다.

다음 낱말로 짧은 글을 지어 봅시다.

낱말	짧은 글 짓기
호박	호박이 넝쿨째 들어온 기분입니다.
군인	장래 희망인 군인이 되어 멋진 제복을 입고 싶습니다.
안경	잠에서 막 깨어나면 안경부터 찾아 써야 합니다.
안방	숨바꼭질을 하는데 저는 안방 장롱 속에 숨었습니다.
사과	동생 사과를 몰래 먹어 버려서 미안하다고 사과했습니다.
장관	장관 후보자들은 인사청문회를 꼭 거쳐 가야 합니다.
노인	우리 이웃의 독거노인에게 따뜻한 관심이 필요합니다.
지식	독서를 통해 많은 지식을 쌓을 수 있습니다.
가족	이번 방학 때 가족과 함께 농촌봉사활동을 다녀왔습니다.
쪽방	고시텔 쪽방은 한 사람이 누우면 꽉 찹니다.

4 독서 방법을 지도한다

독서 능력을 높이기 위해서는 용도와 글의 목적에 따라 읽기 방법을 달리해야 함을 지도한다.

1) 용도에 따라 독서 방법을 달리한다

독서라고 해서 모든 책을 똑같은 방법으로 읽는 것은 아니다. 책 내용이나 상황에 따라 읽는 방법이 다르다. 책 읽는 속도에 따라 속독과 만독이 있고, 책 읽는 깊이에 따라 통독과 정독이 있다. 책 읽는 양에 따라 다독과 소독이 있고, 소리 내어 읽는지 여부에 따라 낭독과 묵독이 있으며, 그 밖에 발췌독, 윤독, 강독, 숙독이 있다.

일반적으로는 소리 내지 않고 묵독을 하는 것이 좋으나, 공부에 도움이 되는 독서는 정독이 되어야 하며, 쉬운 책을 읽을 때는 속독을 하는 것이 좋으나 문예 작품이나 교양서적을 읽을 때는 통독을 하는 것이 좋다.

용도에 따른 독서 방법

분류 방법	내용		용도
책 읽는 속도	속독(速讀)	빠르게 읽기: 짧은 기간 내에 많은 분량의 책을 읽는 방법	쉬운 책, 신문이나 잡지
	만독(慢讀)	느리게 읽기: 시간을 많이 들이는 읽기 방법	어려운 책
책 읽는 깊이	정독(精讀)	자세히 읽기: 자세한 이해가 필요할 때 깊이 생각하고 따지면서 읽는 방법으로 밑줄을 그어 가며 읽을 때 적합	시험공부, 암기, 교과서, 전문서적
	통독(通讀)	훑어 읽기: 글 전체의 내용을 훑어볼 필요가 있거나, 자세한 내용 이해가 필요하지 않을 때 읽는 방법	문예 작품, 교양서적
책 읽는 양	다독(多讀)	많이 읽기: 깊이 있는 지식의 습득보다는 폭넓은 지식의 습득에 좋은 방법	
	소독(少讀)	읽기 분량이 적을 때 사용하는 방법	

소리 내어 읽는지 여부	음독(音讀)	소리 내어 읽기: 다른 사람이 알아듣도록 읽거나, 문자나 말을 확인하며 읽는 방법	시 낭송
	묵독(默讀)	눈으로 읽기: 글의 내용을 이해할 때 내용을 생각하며 읽을 수 있는 방법	일반적인 읽기
기타	발췌독(拔萃讀)	필요한 부분만 찾아 골라 읽는 방법	신문, 사전류, 참고서
	윤독(輪讀)	돌려 읽기	
	강독(講讀)	뜻을 밝혀 가며 읽기	
	숙독(熟讀)	뜻을 잘 생각하면서 읽기	

2) 글의 목적에 따라 독서 방법을 달리한다

독서 능력을 높이기 위해서는 적극적이고 능동적인 자세가 필요하다. 그런데 우리 주변에 보면 적극적이고 능동적으로 공부를 하는 데도 원하는 만큼의 성과를 얻지 못해 안타까움을 자아내는 학생들이 의외로 많다. 그렇다면 어떤 학생은 대강 읽는 것 같은데 글 내용을 쉽게 기억해 내고, 어떤 학생은 꼼꼼하게 읽는데도 글 내용을 쉽게 정리해 내지 못하는 이유가 무엇인가? 이 의문을 풀기 위해 우리는 글의 목적과 독서 목적에 따른 효과적인 독서 방법을 이용하여 읽어야 한다.

- 정보를 전달하는 글

정보를 전달하는 글은 설명문, 보고문, 기사문, 안내문 등을 말한다. 새로운 정보를 알리는 글은 정보 획득을 목적으로 읽어야 하기 때문에 중요한 정보에 밑줄을 그어 가며 읽어야 한다. 모르는 단어가 나오면 메모를 해서 나중에라도 반드시 개념을 익혀야 한다. 개념을 모르고는 새로운 정보를 알 수 없기 때문이다. 글을 다 읽은 다음에는 글의 정보를 체계적으로 요약할 수 있어야 한다.

- 설득을 위한 글

설득을 위한 글은 논설문, 신문사설, 연설문, 광고문 등을 말한다. 설득을 위한 글은 글쓴이가 독자로 하여금 자신의 말을 들어 달라고 하는 것이 목적이기 때문에 글쓴이의 의도를 파악하며 사실과 의견을 구분하며 읽어야 한다. 광고지를 보고 너무 마음에 들어서 주문을 했는데, 막상 물건을 구입하고 보니 광고와 다르다면 손해를 본 것이다. 이럴 때 왜 사실과 의견을 구분하며 읽어야 하는지 실감할 수 있다. 설득을 위한 글을 읽을 때는 글쓴이의 의견에 밑줄을 그어 가며 비판적인 의견을 제시할 수 있어야 한다.

• 정서 표현의 글

정서 표현의 글에는 시, 소설, 수필, 희곡, 시나리오 등과 같은 문학작품이 있다. 정서 표현의 글은 사회적 동물인 인간의 삶과 관련된 정서 표현이나 삶의 가치를 표현한 글이기 때문에 글쓴이의 마음을 느껴 가며 읽어야 한다. 문학작품에 쓰인 낱말들은 감성적인 것이 많기 때문에 하나하나의 낱말 뜻에 매달리다가 전체적인 내용을 놓칠 수 있다. 따라서 글 전체 내용을 파악하며 대강 그 뜻을 짐작해 보는 훈련이 필요하다. 그리고 비유적, 상징적으로 쓰인 낱말의 뜻에 주의를 기울일 필요가 있다. 도대체 이 글에서 말하고 있는 의미는 무엇인지 분석하면서 읽으면 내용을 이해하기가 쉽지만, 분석하지 않으면 그냥 단어의 나열에 불과하기 때문이다. 따라서 비유와 상징에 대해서 분석하는 습관을 길러야 한다.

• 친교의 글

친교의 글은 편지, 소개장, 메모, 쪽지 등이 있다. 친교의 글은 사람의 마음을 표현한 글이기 때문에 글쓴이의 마음을 느껴 가며 읽어야 한다. 감성적인 단어를 주로 사용하기 때문에 감성적으로 그 뜻을 짐작해 보는 훈련이 필요하다. 그리고 글을 읽으면서 글 속에 담겨 있는 상대방의 마음을 분석하며 읽는 습관을 길러야 한다.

활동 8 용도에 따른 독서 방법 찾기

글의 용도에 따라 독서 방법을 찾게 하기 위한 활동이다. 어린이들이 구분에 나와 있는 글의 종류에 따라 독서 방법과 이유를 찾도록 지도한다.

다음에 나와 있는 글의 종류에 따라 독서 방법과 이유를 적어 봅시다.

구분	독서 방법	이유는
쉬운 책, 신문이나 잡지	빠르게 읽기	짧은 시간에 많은 분량을 읽을 수 있기 때문
어려운 책	느리게 읽기	천천히 읽으면서 내용 이해를 할 수 있기 때문
시험공부, 암기, 교과서, 전문서적	자세히 읽기	이해가 필요하기 때문
문예 작품, 교양서적	훑어보며 읽기	자세한 내용 이해가 필요 없을 때
시 낭송	소리 내어 읽기	다른 사람이 들을 수 있기 때문
일반적인 읽기	눈으로 읽기	내용을 생각하며 읽을 수 있기 때문
신문, 사전류, 참고서	필요한 부분 골라 읽기	원하는 부분만 읽을 수 있기 때문

활동 9 | 글의 목적에 맞는 독서 방법 찾기

글의 용도에 따라 독서 방법을 달리하도록 하기 위한 활동이다. 학생들이 구분에 나와 있는 글의 종류에 따라 독서 방법과 이유를 찾도록 지도한다.

다음 글의 종류에 따라 어떻게 읽으면 좋을지 적어 봅시다.

구분	글의 종류	독서 방법
정보를 전달하는 글	명문, 보고문, 기사문, 안내문	중요한 정보에 밑줄을 그어 가며 읽어야 한다
설득을 위한 글	논설문, 신문사설, 연설문, 광고문	글쓴이의 의도를 파악하며 사실과 의견을 구분하며 읽어야 한다.
정서 표현의 글	시, 소설, 수필, 희곡, 시나리오	글쓴이의 마음을 느껴 가며 읽어야 한다.
친교의 글	편지, 소개장, 메모, 쪽지	글쓴이의 마음을 느껴 가며 읽어야 한다.

제 3 장

분야별 독서 방법을 지도하라

분야별 독서 방법을 지도하라			
세부 내용		분야별 독서 방법 알기	
목표		• 분야별 독서 방법을 알 수 있다. • 책의 종류에 따라 독서 방법을 선택할 수 있다.	
단계		교수 · 학습 활동	자료
1	**도입단계**	• 분야별 독서 방법의 필요성 이해하기 • 분야별 독서 방법의 동기 유발하기	
2	**전개단계**	• 소설, 희곡, 수필 읽는 방법 • 시, 시조 읽는 방법 • 그림책 읽는 방법 • 동화 읽는 방법 • 위인전 읽는 방법 • 역사책 읽는 방법 • 과학책 읽는 방법 • 잡지 읽는 방법	활동지
3	**정리단계**	• 학습 소감 발표 –분야별 독서 방법에 대해 발표하기 –활용 계획 이야기하기	

1 소설, 희곡, 수필 읽는 방법

소설이나 희곡, 수필은 등장인물의 성격과 한 일이 무엇인지를 중심으로 읽어야 한다. 공통적으로는 다음과 같은 내용을 중점적으로 생각하면서 읽는다.

- 작품은 어떤 유형인가?
- 작품이 나에게 주는 감동은 어떤 것인가?
- 내가 이 작품에서 배워야 할 것은 무엇인가?
- 작품을 읽고 남는 것이 무엇인가?

활동 10 소설 읽기

독서 능력을 향상시키기 위하여 소설을 읽는 방법을 배우는 활동이다.

다음 글을 읽고 물음에 답해 봅시다.

알렉산더 대왕은 싸움터로 가던 도중 작은 사원에 들러 승리를 기원하는 기도를 올렸다. 기도를 마치고 나오자 장수들과 병사들이 기대에 찬 눈빛으로 그를 쳐다보았다. 대왕은 손에 동전 하나를 들고 말했다.

"내가 기도를 마쳤는데 신께서는 내게 영험을 주셨다. 동전을 공중에 던져서 앞이 나오면 우리가 승리할 것이고, 뒤가 나오면 우리는 패배할 것이라고 하였다."

알렉산더 대왕은 비장한 표정으로 동전을 하늘 높이 던졌다. 모두 숨을 죽이고 동전을 주시하였다. 군사들이 떨어진 동전을 보니 동전은 앞면이 위로 올라와 있었다.

"앞면이다! 우리가 이긴다!"

병사들의 기쁜 함성이 천지를 뒤흔들었다. 병사들의 사기는 금방 최고로 올라갔다. 그래서 그들은 10배나 되는 적을 격파할 수 있었다. 전쟁에서 승리하고 나서 승리를 축하하는 자리에서 한 장교가 말했다.

"신의 계시가 맞습니다. 저희가 열 배나 되는 적을 이겼으니 말입니다."

그러자 알렉산더 대왕이 말했다.

"사실은 그 동전은 양쪽 다 앞면이었다네!"

또 한 번은 알렉산더 대왕의 정복사업이 13년 동안 진행되던 때였다. 오랫동안 집을 떠난 군인들은 집으로 돌아가고 싶은 생각으로 전쟁터에서 싸울 생각을 하지 않아 진격할 수 없었다. 적들은 알렉산더 대왕의 군인들이 전투력을 상실한 것으로 생각하여 역습을 해 왔다. 군사들은 전투력을 상실한 상태에서 적이 공격한다는 소식에 공포감에 빠져 도망갈 생각밖에는 하지 않았다. 알렉산더 대왕은 또 한 번의 행운을 만들었다. 그는 또 하늘을 향해 기도하고 병사들에게 말했다.

"병사들이여, 신께서 우리에게 엄청난 힘을 주는 약을 선물하셨다. 마늘을 한 개씩만 먹으면 우리는 당연히 승리한다고 하셨다."

병사들은 지금까지 알렉산더 대왕의 기도 결과 수많은 행운이 있었다는 것을 알았기에 당연히 힘이 세질 것이라고 생각하면서 마늘을 한 쪽씩 먹었다. 그러고는 힘이 세지는 것을 느끼고 적의 공격을 막아 냈을 뿐만 아니라 대승을 거두었다.

"신의 계시가 맞습니다. 오합지졸 같던 우리가 신이 내린 마늘을 먹으니 대승을 거두었습니다."

그러자 알렉산더 대왕은 말했다.

"사실은 그냥 마늘일세!"

1 어떤 종류의 글입니까?

소설

2 이 글이 나에게 주는 감동은 어떤 것입니까?

절망에 빠져서도 헤쳐 나갈 방법이 있다.

3 내가 이 글에서 배워야 할 것은 무엇입니까?

절망에 빠져 있지 말아야겠다.

4 글을 읽고 남는 것은 무엇입니까?

호랑이에게 물려가도 정신을 바짝 차리면 살 수 있다.

2 시, 시조 읽는 방법

시나 시조는 글쓴이가 떠오르는 상상과 감동을 비유와 상징, 생략을 통해 창작한 작품을 말한다. 글을 쓴 사람의 마음이나 느낌을 시적 자아를 통해서 독자에게 전달하는 데 목적이 있다.

- 주제는 무엇인가?
- 소재는 무엇인가?
- 작품이 나에게 주는 의미는 무엇인가?
- 작품을 읽고 남는 것은 무엇인가?

활동 11 시 읽기

독서 능력을 향상시키기 위하여 시를 읽는 방법을 배우는 활동이다.

다음 시를 읽고 물음에 답해 봅시다.

> 바람이 분다.
> 행복한 바람이 분다.
> 아침에는 기쁜 바람이 나의 눈을 뜨고
> 점심에는 즐거운 바람이 나를 들뜨게 하고
> 저녁에는 아름다운 노을이 바람처럼 내게 왔다.
> 나는 오늘 하루 행복한 바람에 기분이 좋아졌다.

1 이 시의 주제는 무엇입니까?

행복한 바람

2 이 시의 소재는 무엇입니까?

바람

3 이 시가 나에게 주는 의미는 무엇입니까?

바람만으로도 행복한 하루가 될 수 있다.

4 이 시를 읽고 느낀 것은 무엇입니까?

행복하게 느끼면 행복할 수 있다.

3 그림책 읽는 방법

그림책은 통상적으로 어린 시절 최초로 대하는 책이지만 글씨가 있는 그림책은 초등학생에게도 필요하다. 그림책은 주로 그림 위주로 되어 있는 것으로, 그림이 이야기의 줄거리와 내용을 이해하는 데 도움을 준다. 그러나 그림책으로 큰 가치를 가지려면 그림의 형태는 물론, 그림에 세부성과 정확성이 갖추어져 있어야 한다.

- 그림은 무엇을 나타내는 것일까?
- 왜 이렇게 표현했을까?
- 그림과 사실의 차이는 무엇일까?
- 나라면 어떻게 표현했을까?

활동 12 그림 읽기

독서 능력을 향상시키기 위하여 그림을 읽는 방법을 배우는 활동이다.

다음 그림을 보고 물음에 답해 봅시다.

1 이 그림은 무엇을 나타내는 것입니까?

달팽이

2 왜 이렇게 표현했을지 생각해 봅시다.

귀엽고 재밌게 표현하려고

3 그림과 사실의 차이는 무엇입니까?

몸통이 너무 크다.

4 나라면 어떻게 표현했을지 생각해 봅시다.

눈을 포도송이로 하겠다.

4 동화 읽는 방법

동화는 가상의 세계를 작가의 시각으로 표현한 글이다. 동화는 허구이지만 나름대로 현실성이 있으며, 동화에서 배운 것을 현실 세계에 적용할 수 있다. 풍부한 개성과 상상력을 통해 작가의 인생관과 사상을 설득력 있게 전개하려는 의도가 배경에 깔려 있다.

- 왜 이런 글을 썼을까?
- 이 작품에서 배울 점은 무엇일까?
- 이 작품이 우리에게 주고자 하는 것은 무엇일까?
- 무엇을 풍자하거나 비교한 것일까?
- 등장인물에서 중심 인물과 주변 인물을 알아본다.

활동 13 동화 읽기

독서 능력을 향상시키기 위하여 동화를 읽는 방법을 배우는 활동이다.

다음 글을 읽고 물음에 답해 봅시다.

옛날에 청개구리 아들과 청개구리 어머니가 살았습니다. 아들 청개구리는 어머니의 말을 늘 반대로 하는 개구리였죠. 어느 날 어머니가 병이 나서 돌아가셨습니다. 죽기 전에 어머니가 유언을 남기셨습니다.

"얘야 내가 죽거든 개울가에 묻거라."

어머니는 이번에도 아들 청개구리가 반대로 개울가가 아닌 다른 곳에 묻을 거라 생각하고 말하였습니다. 하지만 아들 청개구리는 이번만큼은 어머니 말을 잘 들어야겠다고 생각하고 개울가에 묻었습니다. 어머니를 묻고 나서 어느 날 비가 내렸습니다. 아들 청개구리는 비가 내려 개울가에 있는 어머니의 무덤이 쓸려 내려가지 않을까 걱정하였습니다. 그 후 비만 오면 어머니 무덤가에서 늘 울고 있습니다.

1 작가가 왜 이 글을 썼을지 생각해 봅시다.

부모님 말씀 잘 들어야 한다는 것을 말하기 위해

2 이 작품에서 배울 점이 무엇일지 생각해 봅시다.

후회하는 일을 하지 말자.

3 이 작품이 우리에게 주고자 하는 것은 무엇일지 생각해 봅시다.

평소에 부모님 말씀을 잘 들어야 한다.

4 무엇을 풍자하거나 비교한 것일지 생각해 봅시다.

부모님이 돌아가신 후에 효도는 소용없다.

5 등장인물에서 중심 인물과 주변 인물을 알아봅시다.

중심 인물은 청개구리이고 주변 인물은 청개구리 엄마다.

5 위인전 읽는 방법

위인전은 역사적으로 업적을 남긴 사람들의 일대기나 영웅들의 삶을 실제 사실에 가깝게 서술한 글을 말한다. 다른 문학 작품들이 허구를 기반으로 하고 있는데 비해 위인전은 인물에 대한 사실적인 이야기이므로 감동적으로 마음속에 기억하기 좋은 독서 자료다. 위인전은 주인공의 일대기를 글로 나타낸 것으로 위인전을 읽을 때는 주로 주인공과 관련한 사실에 중점을 두고 읽어야 하며, 다음과 같은 내용을 중점적으로 생각하면서 읽는 것이 좋다.

- 어렸을 때의 생활상은 어떠했는가?
- 주인공은 어떤 고난과 역경이 있었는가?
- 어떻게 해서 성공하는 계기를 마련하게 되었는가?
- 주인공이 오늘날까지 존경받고 있는 이유는 무엇인가?
- 주인공은 언제, 어디서, 어떤 일을 하며 업적을 남겼는가?
- 나는 이 주인공에게서 무엇을 배워야 하는가?

활동 14 위인전 읽기

독서 능력을 향상시키기 위하여 위인전 읽는 방법을 배우는 활동이다.

다음 글을 읽고 물음에 답해 봅시다.

이순신 장군의 삶은 도전의 연속이었다. 이순신 장군은 어릴 때부터 남다른 체격에 영특한 지혜가 있었으며, 당시 선비들도 당해 내지 못할 정도로 탁월한 문장 능력과 필력을 가졌다. 주변 사람들은 이순신의 능력을 알고 문관이 될 것을 권했지만 이순신은 무관이 되겠다며 무술 공부에 열중하였다. 무술 공부를 6년 동안 하였지만 과거에 낙방하고 4년 뒤에 다시 도전하여 31세에 드디어 무과시험에 합격하였다. 남들이 자신이 잘할 수 있는 것을 가지고 편하게 사는 데 반해 이순신은 새로운 분야에 도전을 결심하고 10년의 세월을 보내고 늦은 나이에 벼슬을 시작했다.

이순신의 관직생활도 순탄하지 않았다. 첫 관직은 지형이 너무 험해 새들도 드나들지 않는다는 함경도 삼수 땅의 권관(소대장)이었다. 성실함으로 인하여 봉사(종 8품)의 지위에 오르게 되었지만 강직한 성품으로 인해 계속 상급자와 마찰을 빚음에 따라 전출을 당하여 하급관리로 전전하게 되고, 모함과 강등이 연속되었다. 그렇지만 이순신은 현실과 타협하지 않고 자신이 목표했던 올바른 관리가 되어야겠다는 마음으로 일관하였다. 결국 수많은 어려움이 있어도 타협하지 않아 1591년 41세에 겨우 전라좌수사로 임명받게 된다.

이순신 장군은 제1차 출전 이래 총 4차에 걸쳐 17차례의 크고 작은 해전을 전개하여 적선을 격침하거나 사로잡은 배가 207척이었고 수리 불가능할 정도로 대파한 적선은 152척이었다. 또한 왜병 3만 3780명을 전사시켰다. 이에 비해 조선 해군은 단 한 척의 전선 손실도 없었고, 인명 손실은 전상, 전사자를 모두 합하여 243명에 그쳤다. 인류의 역사가 시작된 이래 세계의 어떤 전쟁에서도, 특히 해전에서는 이런 기록이 없다. 이순신은 전사할 때까지 23번의 크고 작은 해전에서 단 한 번도 패배한 적이 없었다.

1 주인공의 어렸을 때의 생활상은 어떠했습니까?

도전적이었다.

2 주인공은 어떤 고생과 역경을 겪었습니까?

실패와 모험

3 주인공은 어떻게 해서 성공하는 계기를 마련하게 되었습니까?

끊임없는 도전 정신으로

4 주인공이 오늘날까지 존경받고 있는 이유는 무엇입니까?

불리한 조건 속에서 크고 작은 해전에서 승리하였다.

5 주인공은 언제, 어디서, 어떤 일을 하며 업적을 남겼습니까?

1592년 임진왜란 중 옥포해전에서 승리

6 나는 이 주인공에게서 무엇을 배워야 합니까?

실패를 두려워 하지 말고 용기와 지혜를 가져야 한다.

6 역사책 읽는 방법

역사책은 역사적 사실을 기록하거나 설명한 책이다. 이는 독자에게 역사적 지식을 알려주고, 선인의 삶을 통해 교훈을 준다. 또한 역사 속의 문화의 전통을 이해하고 계승하도록 하는 데 효과적이다. 역사책은 역사적 사실의 정확성이 중요하며, 등장인물과 때와 장소 등의 묘사가 정확해야 한다. 역사책은 다음과 같은 내용을 중점적으로 생각하면서 읽는 것이 좋다.

- 역사적으로 가치가 있는 일이었는가?
- 왜 이러한 사건이 발생했을까?
- 누가 언제 행하였는가?
- 내가 새롭게 안 사실은 무엇인가?
- 왜 이런 일이 일어났을까?
- 결과는 무엇인가?
- 만약 원인이 없었다면 어떻게 되었을까?
- 만약 인물이나 사건이 없었다면 어떻게 되었을까?

활동 15 역사책 읽기

독서 능력을 향상시키기 위하여 역사책을 읽는 방법을 배우는 활동이다.

다음 글을 읽고 물음에 답해 봅시다.

이순신 역시 난중의 모든 일을 그의 일기에 거의 하루도 빼놓지 않고 기록으로 남겼다. 이순신에게는 위장병 등 지병이 있었고, 매일매일 나라 걱정과 백성 근심으로 제대로 잠을 이루지 못하고 있었는데, 〈난중일기〉에도 그런 이순신의 모습이 나타나 있다. 이렇게 이순신은 육체뿐만 아니라 마음까지 피곤하고 힘들었지만 〈난중일기〉가 그의 위로가 되지 않았나 생각해 본다.

전라좌수사라는 직위는 때로는 어느 누구에게도 말하지 못할 고민과 어려움이 있었을 것이고 아픔이 있었을 것이다. 이러한 고민과 어려움을 그는 매일 밤 붓을 들어 써 내려가기 시작했다. 하루는 왜적과의 전투를 쓰기도 하고 하루는 전쟁의 준비를 쓰기도 하고 하루는 가족의 안부를 적기도 했다. 결국 이순신의 일기는 이순신 스스로에게 힘을 주고 그의 마음을 위로하고 있었다. 일기라도 쓰지 않으면 마음에 있던 고통과 역경을 이겨 내지 못했을지도 모른다.

매일 전투하고 백성을 보살피면서 이순신은 일기를 써 내려갔다. 이미 그의 안중에는 당파도 없었고 나약한 왕도 없었다. 매일 밤 구국의 다짐을 일기에 쓰면서 했을 것이며 조선의 미래를 일기에 쓰면서 만들고 있었다. 〈난중일기〉는 단순한 사건의 기록이 아니다. 〈난중일기〉는 이순신을 이순신답게 만드는 이순신만의 방책이었다. 이러한 일기를 통해 이순신은 내일을 준비하고 나라의 앞날을 걱정하고 있었다. 〈난중일기〉는 무려 2,539일간의 기록이고 삶이고 위로였고 조선의 미래였다. 밤마다 일기를 통하여 힘을 얻었던 이순신은 조선을 지켜 나가고 있었다.

1 〈난중일기〉는 역사적으로 가치가 있는 일이었습니까?

역사적인 기록이기 때문에 가치 있는 일이었다.

2 이순신이 왜 〈난중일기〉를 썼을지 생각해 봅시다.

내일을 준비하고 나라의 앞날을 걱정하기 위해서

3 누가, 언제 행하였습니까?

이순신 장군이 임진왜란 때

4 내가 새롭게 안 사실은 무엇입니까?

<난중일기>는 무려 2,539일간의 기록이라는 사실

5 원인은 무엇이고, 결과는 무엇입니까?

원인은 임진왜란, 결과는 <난중일기>

6 만약 원인이 없었다면 어떻게 되었을지 생각해 봅시다.

쓰지 않았을 것이다.

7 만약 특정 인물이나 사건이 없었다면 어떻게 되었을지 생각해 봅시다.

임진왜란이 없었다면 이순신도 없었을 것이다.

7 과학책 읽는 방법

과학책 중에는 기존에 없었던 것을 새롭게 발견하거나 만든 것을 설명한 책이 많다. 과학책을 효과적으로 읽기 위해서는 다음과 같은 내용을 중점적으로 생각하면서 읽는 것이 좋다.

- 새로 밝혀진 사실은 무엇인가?
- 사실은 유용한 가치가 있는가?
- 사실이 역사 발전에 기여한 정도는?
- 사실을 더욱 발전시키기 위해서는?

활동 16 과학책 읽기

독서 능력을 향상시키기 위하여 과학책을 읽는 방법을 배우는 활동이다.

다음 글을 읽고 물음에 답해 봅시다.

만유인력의 법칙

세상의 모든 물체는 서로 끌어당기는 성질이 있다. 책상 위 연필과 지우개, 책과 컴퓨터, 핸드폰과 선풍기, 심지어 당신과 먼 나라의 이름 모를 누군가 사이에도 인력이 작용하고 있다. 그러나 힘의 크기가 매우 작기 때문에 우리는 이 힘을 느낄 수 없다. 연필과 지우개 사이에도 당기는 힘이 존재하지만 그 크기가 다른 힘에 비해 무시할 수 있을 정도로 작기 때문에 서로 가까워지거나 붙지 않는다.

만유인력의 크기를 계산하는 공식은 $F=GMm/R^2$이다. 여기서 G는 만유인력 상수, M과 m은 두 물체의 질량, R은 두 물체 사이의 거리다. 만유인력 상수 G의 값은 $6.67259\times10^{-11}\ N \cdot m^2 \cdot kg^{-2}$로 매우 작기 때문에, 질량이 매우 큰 경우에만 힘 F가 느낄 수 있는 정도의 크기가 된다.

뉴턴이 사과가 떨어지는 것을 보고 만유인력의 법칙을 발견했다는 이 이야기는 널리 알려져 있다. 그러나 그것은 우연히 이루어진 것이 아니다. 뉴턴은 논리적인 사고 과정을 거쳐 과학적 발견을 해 낸 것이지 우연히 생각해 낸 것이 아니다.

1665년 뉴턴은 케플러가 발견한 행성운동에 관한 세 가지 법칙을 기본으로 하여 귀납적인 방법으로 만유인력을 발견했다. 그는 사과를 나무에서 떨어뜨리는 힘이나 지구를 태양 주위로 돌게 하는 힘이 모두 같은 종류의 힘이라는 것을 발견하였다. 나아가 우주에 있는 모든 물체가 서로 끌어당긴다는 사실을 발견하였다. 뉴턴은 행성운동을 행성과 행성 사이에 작용하는 만유인력으로 다시 설명했다.

① 새로 밝혀진 사실은 무엇입니까?

세상의 모든 물체는 서로 끌어당기고 있다.

② 사실은 유용한 가치가 있습니까?

사과를 나무에서 떨어뜨리는 힘이나 지구를 태양 주위로 돌게 하는 힘이 모두 같은 종류의 힘이라는 것을 발견하였다.

③ 사실이 역사 발전에 기여한 정도는 얼마나 됩니까?

중력을 알아내고 만유인력의 법칙을 발견하였다.

④ 사실을 더욱 발전시키기 위해서는 무엇이 필요합니까?

끊임없는 연구와 노력이 필요하다.

8 잡지 읽는 방법

잡지는 다양한 지식과 정보를 제공하고 있다. 그러나 모든 지식이나 정보가 독자에게 유용한 것이 아니기 때문에 모든 것을 차례대로 읽기보다는 차례를 먼저 보고 자신에게 필요한 것을 찾아서 읽는 것이 좋다. 잡지를 효과적으로 읽기 위해서는 다음과 같은 내용을 중점적으로 생각하면서 읽는 것이 좋다.

- 왜 이런 주제를 선정했을까?
- 가장 중심이 되는 내용은 무엇일까?
- 글쓴이는 무엇을 전달하려고 한 것일까?
- 잡지 속에 담긴 내용 중에 어떤 내용이 나에게 가장 도움이 되었는가?

활동 17 잡지 읽기

독서 능력을 향상시키기 위하여 잡지를 읽는 방법을 배우는 활동이다.

다음 글을 읽고 물음에 답해 봅시다.

이 변신불패 외수와 빅뱅놀이

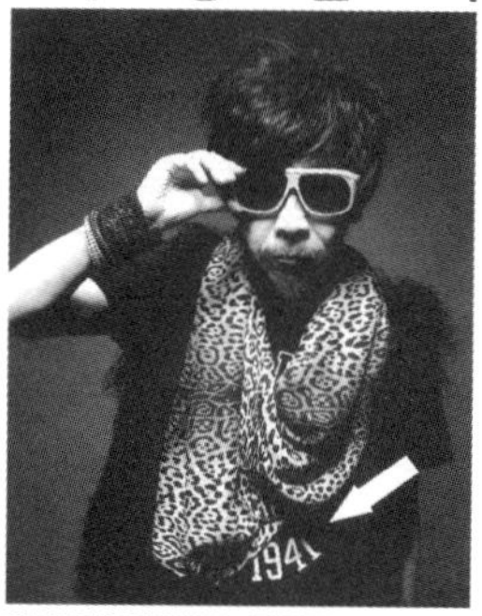

〈출처 : 우먼센스 2009년 9월호〉

① 왜 이 주제를 선정했을지 생각해 봅시다.

특이해서

② 이 기사에서 가장 중심이 되는 내용은 무엇입니까?

이외수의 변신

③ 글쓴이는 무엇을 전달하려고 합니까?

이외수의 특이한 변신이 주는 신선한 충격

④ 잡지 속에 담긴 내용 중 어떤 내용이 나에게 가장 도움이 되었습니까?

나이에 상관없이 유행을 따라갈 수 있다는 생각

제 4 장

독서 전략을 지도하라

독서 전략을 지도하라			
세부 내용		독서 전략 알기	
목표		• 독서 전략을 알 수 있다. • 과목별로 읽기 방법을 활용할 수 있다.	
단계		교수 · 학습 활동	자료
1	도입단계	• 읽기 능력과 학습 관계 이해하기 • 독서 전략에 대한 동기 유발하기	
2	전개단계	• 독해 전략(SQ3R)을 활용한다 • 글을 읽고 나서 의미를 파악하게 한다 • 글을 읽고 나서 주제를 말하게 한다 • 과목별 읽기 방법을 알려 준다	활동지
3	정리단계	• 학습 소감 발표 –과목별로 읽는 방법에 대해 발표하기 –활용 계획 이야기하기	

1 독해 전략(SQ3R)을 활용한다

독서의 궁극적인 목표는 글 내용의 이해와 학습에 있다. 많은 학생들이 독서에서 이 목표를 제대로 성취하지 못하고 있다. 이는 글을 읽기는 해도 효과적으로 읽지 못하기 때문이다. 효과적인 독서 방법으로 널리 알려진 로빈슨의 'SQ3R' 방법에 따라 읽도록 가르치는 것이 좋다. 'SQ3R' 방법은 독서의 과정을 다섯 단계로 나누고 있는데, 각 단계에서의 활동 내용은 다음과 같다.

1) 훑어보기(Survey)

글을 읽기 전에 제목이나 소제목, 서문, 차례, 삽화, 처음과 끝 부분 등 글 전체를 훑어보고 책의 내용을 대강 짐작해 보는 단계를 말한다. 오늘 공부하기로 계획한 단원이 있다면 소제목과 그 단원의 개요나 요약 부분을 읽어 보는 것이 좋다.

2) 질문하기(Question)

훑어보기와 동시에 제목과 소제목 등을 통해 스스로에게 물어보는 과정으로 적극적으로 배경지식을 활용해 나가는 과정이다.

3) 자세히 읽기(Read)

구체적으로 본문을 읽는 과정으로 설명문, 논설문, 소설, 시 등 글의 갈래에 따라 읽는 방법을 다르게 적용하는 것이 좋다.

4) 되새기기(Recite)

자세히 읽은 내용을 체계적으로 정리하는 단계로, 꼭 필요한 내용이나 용어는 암기할 수 있도록 체계적으로 정리해야 한다. 사람에 따라 차이는 있지만 일반적으로 사람은 글을 읽은 후에 50% 정도를 기억한다고 한다. 이 말은 곧 많은 사람들이 글을 읽은 후에 50% 정도를 망각한다는 말이다. 따라서 글 읽은 효과를 극대화하려면 읽은 즉시 반복하고 암기하는 연습을 해야 한다. 소제목을 중심으로 핵심 내용을 정리하는 것이 효과적이다.

5) 다시 보기(Review)

읽은 내용을 다른 사람에게 이야기해 보거나, 글의 내용에 자신의 생각을 덧붙여 한 편의 글을 스스로 써 보는 단계다. 글의 내용을 더 분명히 이해하고 오래 기억할 수 있는 방법이다. 독후감 작성이나 독서 토론 활동이 효과적이다.

활동 18 독해 전략 적용하기

독서 능력을 향상시키기 위해 독해 전략을 적용하기 위한 활동이다.

다음 물음에 답해 봅시다.

질문	답
독해 전략(SQ3R)을 적용한 다음 나타난 변화는?	글을 효과적으로 읽을 수 있다.
훑어보기 단계에는 무엇을 하면 좋은가?	전체를 대략적으로 살펴보는 것
질문하기 단계에는 무엇을 하면 좋은가?	스스로에게 물어보는 과정
자세히 읽기 단계에는 무엇을 하면 좋은가?	구체적으로 본문을 읽는 과정
되새기기 단계에는 무엇을 하면 좋은가?	암기할 수 있도록 체계적으로 정리해야 한다.
다시 보기 단계에는 무엇을 하면 좋은가?	글의 내용에 자신의 생각을 덧붙여 한 편의 글을 스스로 써 본다.
앞으로 적용하겠는가?	적용하겠다.
이유는?	읽은 내용을 오래 잘 기억할 수 있을 것 같다.

2 글을 읽고 나서 의미를 파악하게 한다

독서 능력을 높이기 위해서는 반드시 스스로 생각하는 능력을 길러야 한다. 독서라고 하면 얼마나 많은 책을 읽었느냐를 중요한 것으로 생각하기 쉬운데 실제로는 책을 읽으면서 얼마나 많이 생각해 보았느냐가 중요하다. 독서를 많이 했다고 해도 내용이나 의미를 물어보면 전혀 모르는 경우가 있다. 이것은 바로 생각하면서 책을 읽지 않았기 때문이다. 생각하면서 읽기 위해서는 글을 읽을 때 글이 주는 의미가 무엇인지를 파악하면서 읽는 것이 중요하다.

글의 의미는 언어나 글에 나타나 있는 사실의 기술 및 명령, 권유, 판단, 상징 등에서 읽을 수 있는 글쓴이의 태도나 정서다. 책을 읽으면서 책의 내용이나 글쓴이가 주는 다양한 의미를 파악하면서 읽는 것은 글의 의도나 목적 등을 정확히 이해하는 데 도움이 된다. 독자는 책을 읽으면서 의미를 파악하고 글쓴이의 의도나 내용이 주는 의미에서 자신의 심리나 행동에 영향을 받는다. 그러므로 글이 의미하는 것이 무엇인지를 파악하며 읽는 것은 독서 능력을 높이는 데 매우 중요하다.

글을 읽으면서 의미를 파악하는 방법은 글을 읽고 나서 내용이나 글쓴이의 의도가 무엇인지 말해 보도록 하는 것이다. 이러한 훈련을 하면 글에 대한 이해력이 높아지고, 독서 능력이 발달한다.

활동 19 글을 읽고 나서 뜻 말해 보기

독서 습관을 높이기 위한 활동이다. 학생들이 다음 글을 읽고 나서 의미를 파악하도록 지도한다.

다음 글을 읽고 이 글이 의미하는 바를 써 봅시다.

글	의미
나는 이번 여행이 즐겁지 않았다. 이유는 나는 배를 타고 여행을 가서 멀미를 했기 때문이다.	나는 여행 가서 아팠다.
우물 안에서 태어나 자란 개구리는 우물 속에 갇혀 있으면 세상이 무서워서, 그곳에서 빠져나오고자 노력하지 않는다.	우물 안 개구리는 세상을 무서워한다.
사람의 마음에는 두 마리의 늑대가 있단다. 하나는 좋은 생각과 행동을 하게 하는 늑대이고, 또 다른 하나는 나쁜 생각과 행동을 하게 하는 늑대란다.	사람의 마음은 선하기도 하고 악하기도 하다.
철수는 학교에서 착한 일을 많이 해서 최고상을 탔다. 선생님에게 칭찬을 받았다.	철수는 착하다.
나는 지금 사막을 탐험하고 있습니다. 이 길을 걷는 사람들에게 지도를 만들어 주려고요.	나는 지도를 만들기 위해 사막을 탐험한다.
공부는 어렵다고 생각하고 있었지만, 그래도 공부는 해 본 일 중에서는 성공을 하기에 가장 쉬운 것이었다.	공부가 가장 쉽다.
공부하지 않으면 어려운 생활을 하며 지독하게 가난하게 살 수밖에 없다는 생각에 대학 진학을 생각하게 되었다.	가난해지지 않으려고 대학에 진학했다.

3 글을 읽고 나서 주제를 말하게 한다

글을 읽으면서 내용에서 강조하고자 하는 주제를 찾아야 한다. 주제란 그 글의 중심 내용이면서 글쓴이가 글에서 말하고자 하는 핵심 내용으로, 글쓴이의 의도나 글을 쓴 목적을 말한다. 따라서 글을 읽으면서 글의 주제가 무엇인지 말하도록 하면 글에 대한 이해력이 높아지고, 분석력이 발달하게 된다.

글의 주제는 문단 안에 드러나 있는 경우와 암시되어 있는 경우가 있다. 글의 주제를 찾는 방법은 글을 읽으면서 '이 글에서 내가 새롭게 배울 수 있는 내용은 무엇일까?' '이 글의 핵심 내용은 무엇일까?' '글쓴이는 나에게 무엇을 주고 싶은가?' '글쓴이가 내린 결론에 대한 의견은?' '왜 이런 내용을 썼을까?' 등의 질문에 대한 답을 찾아내는 것이다.

활동 20 제목 선정하기

독서 능력을 높이기 위한 활동이다. 학생들이 다음 글을 읽고 제목을 만들어 보도록 지도한다.

다음 글을 읽고 글에 맞는 제목을 만들어 봅시다.

글	제목
우리 가족은 한여름 날 해운대에 놀러 갔다. 그런데 사람들이 너무 많아서 힘들었다. 그렇지만 해운대의 밤 경치는 매우 아름다웠다. 해운대의 경치는 그림으로 꼭 그려 보고 싶다.	해운대의 경치
엄마와 동물원에 갔다. 사자도, 코끼리도, 얼룩말도, 하마도, 호랑이도 있었다. 동물원은 정말 재미있는 곳이다. 다음에 동생이 크면 동물원에 데리고 와서 즐겁게 해 줘야겠다.	동물원
1912년 4월 12일 어느 날 밤, 대항을 정기 운행하는 타이타닉호가 빙산과 충돌해서 침몰하였다. 그래서 수많은 사람들이 목숨을 잃었다.	타이타닉호 침몰
벤저민 프랭클린은 원하는 것은 무엇이든지 자신의 노력으로 이룰 수 있다고 생각한 사람이다. 남들은 한 가지 분야에서 성공하기도 힘들지만 벤저민 프랭클린은 평생을 살면서 인쇄공, 주간지 발행인, 의용병 대장, 시의원, 유명 작가, 정치가, 저명한 과학자로 미국 역사 발전에 지대한 공헌을 하였다.	벤저민 프랭클린의 업적
세계 어느 나라에 가도 치킨 패스트푸드 체인점인 KFC에는 기분 좋게 서 있는 한 노년의 신사가 있다. 그가 다름 아닌 KFC의 창업자 홀랜드 샌더스다. 그는 어린 시절부터 어려운 삶을 살았지만 좌절하지 않고 비전을 세워 66세의 나이에 성공하였다.	KFC의 창업자 홀랜드 샌더스

4 과목별 읽기 방법을 알려 준다

기억은 기간에 따라 전에 느낀 것을 잠깐 기억하는 감각기억과 임시로 또는 단기간 필요한 정보를 입력하고 저장하고 재생하는 단기기억, 오랫동안 저장되어 있어 언제든 불러올 수 있는 장기기억으로 구분된다. 방법에 따라서도 경험으로 기억하는 것이 좋을 경우가 있고, 머리로 외워야 하는 기억이 있고, 운동하면서 익히는 기억이 있고, 무의식적으로 남는 기억이 있다.

학생들이 배우는 교과목에는 지식을 기억해야 하는 과목이 있고, 이해와 태도, 종합, 적용 등으로 기억해야 하는 과목이 있다. 따라서 한 가지 기억 방법으로 모든 것을 다 기억하려고 하면 효과가 떨어지거나 기억하더라도 장기기억으로 바꾸기가 쉽지 않다. 따라서 과목별로 해당 과목을 효율적으로 기억하기 위해서는 읽는 방법이 과목마다 달라야 한다.

실제로 공부를 잘하는 학생들은 공부할 과목에 따라 가장 효과적인 읽기 방법을 사용하기 때문에 남들과 똑같이 주어진 시간에 공부를 해도 다른 학생들보다 효과가 높다. 그러므로 읽기 방법은 모든 교과에 똑같은 방법으로 적용하기보다는 과목의 성격에 따라 달리할 필요가 있다.

1) 국어 과목 읽기 방법

국어 과목은 우리말을 바르게 사용함과 동시에 표현과 이해를 정확히 하여 생각하는 힘을 기르는 과목이다. 국어에서 다루는 영역은 어학, 문학, 문법, 작문 등으로 매우 다양하다. 그러나 일부 학생은 국어는 늘 사용하는 말이니까 쉽다는 생각으로 국어 공부를 소홀히 하기 쉬운데 이는 잘못된 것이다. 국어는 우리가 매일 쓰지만 문법이나 분석을 생활화하지 않고 하기 때문에 생소한 것일 수도 있으므로 외국어라 생각하고 읽는 것이 공부에 도움이 된다. 국어는 다른 수학이나 영어와 같은 교과에 비해서 얼마든지 따라갈 수 있는 과목, 성적을 높일 수 있는 과목이다.

국어 과목에서 읽기를 잘하기 위해서는 다음과 같은 방법을 적용한다.

• 수업 전에 미리 읽어 본다

국어 과목은 수업을 듣기 전에 내용을 미리 읽는 습관이 가장 중요하다. 미리 읽지 않고 수업을 들으면 선생님이 말씀하시는 내용이 무엇인지 알기 어려울 때가 많다. 따라서 수업을 듣기 전에 미리 배울 내용을 읽어 본다면 수업 시간에 선생님의 강의 내용이 머릿속에 쏙쏙 들어오고, 이해도가 높아져서 장기기억이 되기 쉽다.

• 종합적으로 읽는다

국어는 한 과목 안에 어학, 문학, 문법, 작문 등 다양한 영역을 다룬다. 다양한 영역은 어찌 보면 다들 별개의 공부라고 생각할 수 있지만 국어라는 커다란 테두리 안에 서로 연관되어 있는 영역이다. 따라서 국어는 어느 한 영역만 편식적으로 읽어서는 안 되고 다양한 영역에 대해 읽으면서 종합적으로 이해하도록 해야 한다.

• 교과서를 읽으면서 생각하면서 읽는다

교과서의 내용을 단순하게 문자적으로 읽으려 하지 말고, 교과서의 내용을 분석적, 추론적, 비판적, 창의적으로 읽는 연습을 한다. 교과서에서 알려 주고자 하는 것이 무엇인지 분석하고, 그에 따라 추론하며, 객관적 입장에서 비판하고, 새로운 생각을 가지려는 데서 장기기억으로 발전하게 된다.

• 어휘의 의미를 정확하게 파악하면서 암기한다

국어 과목에 나오는 내용은 문학작품이 많으며 이들은 일반적으로 사용하는 단어나 어휘보다 풍부한 단어나 어휘를 사용한다. 따라서 암기를 쉽게 하기 위해서는 기초적인 단어나 어휘의 의미를 정확하게 습득하고 문장과 문단을 정확하게 구사하면서 글 전체의 내용을 정확하게 이해하는 능력을 길러야 한다.

• 교과서 외의 작품도 폭넓게 읽는다

국어 공부를 잘하기 위해서는 평상시 교과서에 수록된 작품을 중심으로 깊이 있는 감상을 하여야 한다. 그러나 교과서의 작품만 읽으면 비교 대상이 없어 단편적인 지식으로 끝나기 쉽기 때문에 분석력과 비판력을 높이기 위해서 교과서 외의 작품도 폭넓게 읽어 둔다.

2) 영어 과목 읽기 방법

영어는 주지 교과로서 내신 성적이나 입시에서 비중이 매우 큰 과목이다. 또한 영어 공부는 예전에 배웠던 지식이 누적되어 있어 기초가 튼튼하게 잡혀 있어야 좋은 결과를 얻을 수 있다. 그 때문에 짧은 시간에 열심히 읽는다고 해도 효과를 얻기 어려운 과목이기도 하다.

기초가 부족한 학생들은 무조건 단어와 문법을 암기하는 방식으로 영어 공부를 하려고 한다. 그러나 영어는 기초가 한 번 무너진 상태에서 무조건 단어나 문법을 암기한다고 해결되는 것이 아니다. 영어를 잘하기 위해서는 먼저 문장을 읽고 그것을 바탕으로 단어와 문법을 읽는 것이 좋다.

건물을 지을 때 골조를 튼튼히 하고 벽돌을 쌓은 후에 내부 공사를 하는 것처럼 영어를 공부할 때 문장을 읽으면 집을 짓는 데 골조를 튼튼히 하는 것과 같다. 그 문장을 바탕으로 문법이나 단어를 전부 아우르면서 저절로 영어를 습득할 수 있는 것이다.

충분한 문장 읽기를 통해서 기본이 형성된 다음에 의사소통의 기본 단위인 회화나 변형된 문장을 만들기 위해서 단어나 어휘를 알아야 한다. 단어나 어휘를 알아야 하는 이유는 튼튼한 골격 위에 벽돌을 쌓아야 집의 형태가 갖추어지기 때문이다. 그리고 많은 단어나 어휘를 안 후에는 이를 적절히 조합할 수 있는 문법을 알아야 한다.

뿐만 아니라 문법은 무수히 많은 문장의 공통된 법칙을 찾아서 수학공식처럼 정리해 주는 것이기 때문에 문법을 필수적으로 알아야 응용력과 적용력이 커진다. 문법을 암기하면 단어만 바꿔치기해서 말하고 쓰고 읽고 이해하는 것이 가능해지기 때문이다. 따라서 단어와 어휘를 충분히 읽고 문법을 암기하는 것은 영어 학습의 가장 효율적이고 경제적인 방법이다.

영어 과목의 공부를 잘하기 위한 읽기 방법은 다음과 같다.

- 눈으로만 읽지 말고 손으로 쓰면서 읽는다

단어를 외울 때 쉽게 범하는 실수가 눈으로 익숙해지도록 읽으면 된다고 생각하는 것이다. 단어에서 눈을 떼고 바로 읽은 단어를 썼을 때 쓸 수 있다면 문제가 안 되지만 쓸 수 없다면 방법이 잘못된 것이다. 따라서 단어 암기는 눈으로만 해서는 도움이 안 되고, 보지 않고 손으로 쓸 수 있도록 해야 한다.

• 입으로 읽는다

영어는 발음이 중요하다. 따라서 다른 과목은 눈으로 읽을 수 있지만 영어는 소리를 내서 자신의 발음을 귀로 들을 수 있도록 읽어야 효과가 높다. 특히 발음이 자연스러워져서 조금의 주저함이 없이 입에서 튀어나올 정도가 되어야 한다. 오감을 이용해서 읽어야 더욱 효과가 높다. 눈으로 보고, 직접 써 보고, 입으로도 발음해 봐야 암기가 잘 된다.

• 분석하면서 읽는다

영어 단어 중 많은 단어는 단어의 조합이 많다. 따라서 단어의 근간이 되는 어근에 대해서 충분히 이해를 하고 그것을 바탕으로 단어를 조합하면 같은 시간에 많은 단어를 외울 수 있으며, 단어의 활용도도 높아진다. 단어의 어근이 무엇이고, 무엇이 합성되어 있나를 분석하면 암기를 쉽게 할 수 있다.

• 스스로에게 질문하면서 읽는다

"I am happy."라는 문장을 읽어야 한다면 "나는 왜 행복하지?" 또는 "왜 하필이면 'happy'라는 단어를 썼을까. 나 같으면 'angry'라는 단어를 사용했을 텐데."라는 생각도 해보고, 자신에게 설명하듯 이해한 것을 종이 위에 쓰면서 읽는 것도 좋다. 자신에게 질문하고 그에 대해 답하듯 읽으면 문장이 구체성을 얻으면서 질문한 내용과 연상되어 암기가 된다.

• 발음을 우리말과 연관시켜 읽는다

그 많은 영어 단어를 암기하는 것은 어렵다. 영어 단어를 쉽게 암기하는 방법 중 하나는 영어 단어의 발음을 국어에서 비슷한 말로 대치해서 읽는 것이다. 스펠링은 잘 몰라도 비슷하게 발음한 것을 기억한다면 스펠링을 유추하여 기억하는 데 도움이 된다.

• 영어회화를 사용해 본다

영어는 현장에서 직접 사용해야 실력이 늘어난다. 따라서 일상 속에서 우리말을 사용하는 대신 아는 영어를 사용하면 암기한 것이 장기기억이 되어서 도움이 된다. 영어를 사용하는 방법은 단어나 숙어, 회화 등 모든 것을 동원하여 사용하는 것이 좋다. 예를 들어, "아버지." 대신에 "father!"라고 하거나 "좋아요." 대신에 "I am fine."이라고 해 보자.

3) 수학 과목 읽기 방법

수학은 읽기보다는 이해하는 과목이라고 생각해서 암기하지 않는 학생들이 있다. 그러나 엄밀하게 말하면 수학에서도 읽기는 절대적으로 필요하다. 굳이 비율을 따지자면 수학 공부는 암기 10%와 이해 90%로 이루어졌다고 할 수 있다. 결과적으로 이해도를 높이려면 읽기를 잘해야 한다.

예를 들어, 사각형의 넓이를 구하라는 문제에서 공식인 '가로길이 × 세로길이'를 정확히 알지 못하면 사각형의 넓이를 구하는 문제를 해결할 수 없다. 수학은 공식만 기계적으로 암기해서 암기한 공식에 숫자만 대입하면 답이 나오는 만만한 과목이 아니다. 따라서 수학 공부를 잘하기 위해서는 먼저 공식을 암기한 다음, 문제를 푸는 방법인 공식의 유도 과정을 이해해야 한다.

수학 과목을 잘하기 위한 읽기 방법은 다음과 같다.

- 공식의 원리를 읽는다

초등학교 수학에서는 공식이 그리 많지 않으며 대부분 넓이를 구하는 공식이 많지만 중학교 수학에서는 방정식을 구하면서 공식도 많아진다. 그러나 시험에 나온다고 해서 불필요한 공식까지 모조리 암기하면 공식이 헷갈려 문제가 될 수 있다. 따라서 공식을 무조건 암기하려고만 하지 말고 원리를 읽어서 이해한다면 문제 해결이 가능하다.

- 기초가 부족하면 처음부터 수학책을 다시 읽어 본다

수학은 영어와 마찬가지로 기초가 없으면 따라가기 어려운 과목이다. 수학에서 '나중에 공부하면 되지.'라는 생각은 허락되지 않는다. 따라서 기초가 부족하다고 생각하면 그 문제의 기초가 되는 학년의 교과서나 참고서를 가지고 공부를 다시 해야 한다.

- 배운 것을 많이 읽어야 한다

수학은 영어와 마찬가지로 내신이나 수능에서도 과목의 비중이 큰 과목이다. 따라서 수학 과목의 점수를 높게 받고 싶으면 그날 배운 수학 교과 내용은 그날그날 복습해서 완벽하게 내 것으로 만들어야 한다. 그렇지 않고 나중에 공부하려고 하면 기억도 나지 않을 뿐더러 새롭게 혼자 공부해야 하기 때문에 결국은 수학을 포기하게 된다. 따라서 다른 과목도 마찬가지이지만 수학은 반드시 복습을 습관화해야 한다.

4) 과학 과목 읽기 방법

과학은 대자연의 오묘하고 신비로운 현상을 연구하여 숨겨진 질서와 비밀을 찾아내고, 이것을 이용하여 미래의 세계를 설계하는 학문이다. 보통 과학 과목에는 물리, 화학, 생물, 지구과학 등이 있다. 이 과목 모두 자연현상을 연구하고 질서와 비밀을 알아내는 학문이다.

과학에서 다루는 자연현상이 재현 가능하다는 특성에 따라, 자연과학은 실험이 가능하고, 자연현상 속에서 진리와 법칙을 찾아내는 특징이 있다. 이에 학생들은 실험과 관찰만 하면 된다고 과학을 가볍게 생각하는 경향이 있다. 그러나 과학은 단순히 실험 실습에 참여하여 이해만 한다고 해서 공부가 되는 것이 아니라 읽기 능력이 필요하다. 실험과 관찰만 하면 된다고 생각하는 학생들은 과정이 단순하게만 느껴져 과학이 재미 없는 과목이 되기 쉽다. 그러나 과학 과목의 읽기는 원리를 이해하고 추리할 수 있어야 한다. 원리를 알아야 실험과 관찰도 재미있는 공부가 된다.

- 이야기로 만들면서 읽는다

과학은 개별적인 지식의 나열로 읽기보다는 원인과 결과를 연계하여 이야기로 만들어 읽는 것이 좋다. 생물 과목에서 수생생물 중 조류(말류), 플랑크톤, 어류에 대해서 암기를 해야 한다면 단편적인 지식으로 읽으면 재미없지만 이것을 상상과 탐구로 이야기를 만들어 읽는다면 재미있을 것이다. 예를 들어, 조류는 플랑크톤이 먹고, 플랑크톤은 어류가 먹고, 어류는 사람이 먹는다는 먹이 사슬과 연계한다면 기억도 쉽고 재미가 생기게 된다.

- 그림으로 만들어서 읽는다

과학 과목을 재미있게 읽는 방법 중 하나는 그림으로 만들어 읽는 것이다. 예를 들어, 동물에는 척추동물과 무척추동물이 있으며, 척추동물에는 어류, 양서류, 파충류, 조류, 포유류가 있다는 내용을 암기해야 한다고 할 때 평면적으로 읽는 것은 어렵지만 개념도나 마인드맵으로 만들어 읽는다면 지식이 체계화되면서 훨씬 암기하기가 쉽다.

• 실험과 관찰을 하면서 원인과 결과를 생각하면서 읽는다

과학 과목에서 상당한 비중을 차지하는 것이 실험과 관찰이다. 이러한 관찰과 실험 시간에 과정을 지켜보기만 한다면 공부에 전혀 도움이 되지 않는다. 관찰과 실험 과정에 '무엇 때문에 이러한 결과가 나왔는지?' '지금처럼 한다면 과연 어떤 결과가 나올지?'를 상상하면서 관찰과 실험을 하는 동안 중요한 내용을 글로 쓴 것처럼 읽어 본다. 이처럼 의식 있는 관찰과 실험은 경험한 것과 같기 때문에 장기기억으로 저장하기 쉽다.

5) 사회 과목 읽기 방법

사회는 일반사회나 역사, 지리 같은 과목으로 구성되어 있어 그 어떤 과목보다 암기할 내용이 많다. 그래서 사회 과목을 암기 과목이라고만 생각하기 쉽다. 이해를 주로 요구하는 과목인 수학이나 과학을 좋아하는 학생일수록 단순한 암기를 해야 하는 사회 과목을 재미없어 하는 경우가 있다. 암기할 내용이 많다는 것은 매우 귀찮은 일이기 때문이다. 그러나 사회 과목을 암기 과목이라고만 단정짓지 말고 읽기를 통한 이해와 같이 병행한다면 의외로 쉽게 암기할 수 있는 방법이 있다. 특히 전반적으로 모든 과목의 성적이 낮은 학생일수록 사회 과목에 대한 읽기 방법을 익힌다면 성적 향상을 위한 기초를 세울 수 있다.

• 용어의 개념을 명확히 하면서 읽는다

사회 과목은 새로운 용어 투성이다. 새로운 용어에 대해서 정확히 이해하지 않고는 암기가 어렵다. 그러나 요즘 학생들은 새로운 단어가 나타나면 그 의미를 잘 몰라 암기하기가 쉽지 않다. 따라서 교과서에 새롭게 나오는 전문적인 용어나 낯선 개념에 대해서는 사전을 찾거나 선생님에게 정확한 뜻을 물어서 원래의 뜻부터 이해하면서 읽는다.

• 개념을 연결하거나 개념도를 만들어 읽는다

사회 과목은 대부분 사회 현상과 역사에 대한 내용이 많은데 이들은 어떠한 중심을 바탕으로 하위 개념으로 발전하거나 범주화시킬 수 있는 내용이 많다. 따라서 사회 과목의 내용을 단편적인 지식의 나열로 읽을 것이 아니라 개념을 연결하거나 개념도를 만들어 읽는다면 연상 작용과 함께 장기기억으로 저장할 수 있다.

- 나뭇잎보다는 줄기를 보는 읽기를 해야 한다

사회 과목은 암기할 내용이 많다고 해서 무작정 암기하려고 할 것이 아니라 흐름을 파악하고 역사적인 시각으로 읽어야 한다. 특히 국사 교과서의 구성은 사건의 나열이기 때문에 단편적인 지식으로 읽었다가는 암기한 내용이 뒤죽박죽 되기 쉽고, 기억의 간섭 현상으로 기억도 제대로 나지 않는다. 따라서 먼저 줄기인 고대, 중세, 근세 또는 국가별로 암기할 내용을 분류하고 이를 바탕으로 나뭇잎인 세부 내용을 읽어야 장기기억으로 저장할 수 있다.

활동 21 과목별 읽기

독서 능력을 높이기 위한 활동이다. 이 활동에서 '아니요'라고 답한 것에 대해서 읽는 방법을 알게 하여 학생들이 과목별 독서 능력이 높아지도록 지도한다.

다음은 과목별로 자신의 읽기 방법을 점검해 보는 활동입니다. 내가 사용하는 읽기 방법을 점검해 보고, '아니요'라고 답한 질문에 대해 '예'라고 답할 수 있도록 노력합시다.

과목	나의 읽기 방법	예	아니요
국어	수업을 하기 전에 미리 읽어 본다.		
	종합적으로 읽는다.		
	교과서를 읽으면서 생각하면서 읽는다.		
	어휘의 의미를 정확하게 파악하면서 암기한다.		
	교과서 외의 작품도 폭넓게 읽는다.		
영어	눈으로만 읽지 않고 손으로 쓰면서 읽는다.		
	입으로 읽는다.		
	분석하면서 읽는다.		
	스스로에게 질문하면서 읽는다.		
	발음을 우리말과 연관시켜 읽는다.		
	영어회화를 사용한다.		
수학	공식 원리를 읽는다.		
	기초가 부족하면 처음부터 수학책을 다시 읽는다.		
	배운 것을 많이 읽는다.		
과학	이야기로 만들어 읽는다.		
	그림으로 만들어 읽는다.		
	실험과 관찰을 하면서 원인과 결과를 생각하면서 읽는다.		
사회	용어의 개념을 명확히 하면서 읽는다.		
	개념을 연결하거나 개념도를 만들어 읽는다.		
	나뭇잎보다는 줄기를 보는 읽기를 한다.		

제 5 장

독서 과정을 지도하라

독서 과정을 지도하라			
세부 내용		독서 과정 훈련하기	
목표		• 독서 과정을 설명할 수 있다. • 독서 능력을 체계적으로 키울 수 있다.	
단계		교수 · 학습 활동	자료
1	도입단계	• 독서 과정의 필요성 알기 • 독서 과정에 대한 동기 유발하기	
2	전개단계	• 읽기 전에 배경지식을 떠올리게 한다 • 독서하는 동안 글쓴이의 의도를 정확히 파악한다 • 독서 후 전체적으로 조망한다	활동지
3	정리단계	• 학습 소감 발표 –독서 과정을 적용할 수 있는 방법에 대해 발표하기 –활용 계획 이야기하기	

1 읽기 전에 배경지식을 떠올리게 한다

주제와 관련해 자신이 알고 있는 배경지식을 떠올리며 독서에 주의를 집중하도록 한다. 배경지식을 이끌어 내는 것은 책을 읽는 목적을 분명하게 해 그 내용에 집중하게 함으로써 새로운 정보를 효과적으로 찾을 수 있게 한다. 또한 새로운 개념과 이미 알고 있는 것을 연관 짓도록 해 정보를 오랫동안 기억하게 만들어 준다. 그러기 위해서 어떤 내용으로 전개될 것인지 미리 짐작해 본다든가, 그 글에서 자기가 특별히 알고 싶은 점이 무엇인지를 상상해 보는 일은 매우 중요하다.

1) 독서 전에 미리 내용을 상상해 본다

책을 읽기 전 제목이나 글쓴이, 시작하는 글, 소제목, 그림 등을 보고 글의 내용을 미리 생각해 보도록 한다. 그다음 책을 읽으면서 미리 생각해 본 것을 토대로 자신이 예측한 것을 수정 · 보완하고, 읽은 뒤에는 내용을 미리 상상한 것이 얼마나 같은지 점검하면 기억에 남는다.

- 제목으로 상상하기
  - 제목을 왜 이렇게 정했을까?
  - 제목에 담긴 본래 뜻은 무엇일까?
  - 내용은 어떻게 전개될까?
  - 제목이 궁극적으로 전달하고자 하는 것은 무엇일까?

- 글쓴이에 대해 상상하기
  - 어느 시대에 살았고, 무엇을 하는 사람인가?
  - 이 글을 쓰게 된 동기나 목적은 무엇일까?
  - 글쓴이가 쓴 다른 글과 차이는 무엇일까?

2) 글에서 알고 싶은 점을 문제로 만들어 보기

글을 읽기 전에 문제 형식으로 만들어 궁금증을 유발하면서 읽으면 뚜렷한 목적의식을 가지게 되어 읽는 글의 내용을 오랫동안 구체적이고 분명하게 기억할 수 있다.

활동 22 제목만 보고 내용 상상하기

독서 능력을 향상시키기 위하여 제목만 보고 내용을 상상하게 하는 활동이다. 가능한 한 자유롭게 이야기의 내용을 상상하게 도와준다.

다음 제목을 보고 생각나는 것을 적어 봅시다.

제목	생각나는 내용
물새알 산새알	물새알과 산새알을 비교한 글
내가 채송화꽃처럼 조그마했을 때	어릴적 이야기
엄마의 쪽지 편지	엄마가 쪽지로 나에게 하는 말
제주도의 역사	제주도 역사에 관한 글
톰 소여의 모험	톰 소여가 모험을 하던 중에 생긴 일
어린 왕자	어린 왕자의 여행 이야기
아낌없이 주는 나무	나무가 우리에게 주는 고마운 것들
쌍동밤	밤의 모양
화요일의 두꺼비	두꺼비가 사람 세상에서 겪는 일
우리들의 일그러진 영웅	용감한 영웅 친구의 이야기
지구여 안녕	지구가 겪고 있는 문제들

2 독서하는 동안 글쓴이의 의도를 정확히 파악한다

독서 중에는 글에 집중하면서 글의 내용과 글쓴이의 의도를 정확히 파악하고 이해하여 자기 입장에서 타당성 있게 해석 · 비판한다. 이때 독자는 글에서 중요한 내용을 찾아내 적절한 방법으로 내용을 구조화한다. 내용을 구조화하기 위해서는 중요 내용에 밑줄 긋기, 문맥을 활용해 낯선 어휘 이해하기, 글 내용을 구조적으로 독서하기, 요약하기, 어려운 부분 다시 읽기, 메모 따위의 방법을 사용하면 효율적이다.

1) 중요 내용에 밑줄 긋기

책을 읽다가 중요한 단어나 글의 소재, 핵심어를 발견하면 밑줄을 그어 놓고 나중에 다시 한 번 읽어 보면 내용을 기억하는 데 도움이 됨은 물론, 시험 공부에 도움이 된다.

2) 문맥을 활용해 낯선 어휘 이해하기

새로 나온 어휘에 대해서 이해가 되지 않으면 문맥을 전체적으로 읽어서 어휘의 의미를 이해한다. 이를 통해 어휘력이 증가하고 내용을 의미 있게 파악하기가 용이하다.

3) 글 내용을 구조적으로 독서하기

글에는 구조가 있다. 도입 단계인 서론과 전개 부분인 본론, 정리 부분인 결론이 있다. 책을 읽으면서 서론과 본론, 결론을 구분해 읽는 습관을 들이면 무엇이 중요한지 알 수 있게 된다.

4) 요약하기

요약하기란 글에 들어 있는 중요한 생각을 간략하게 간추리는 활동이다. 즉, 글에 제시된 정보와 자신의 경험을 바탕으로 글의 내용을 압축하고 주제를 찾아내는 활동을 말한다. 책을 읽다 보면 내용이 많아질수록 기억해야 할 것이 많아진다. 따라서 책을 한 문단씩 읽으면서 정리하고 요약하는 습관을 들이면 책 전체를 기억하는 데 용이하다. 앞에 읽은 것이 기억나지 않으면 요약한 부분만 읽으면 기억을 재생하기도 좋다. 따라서 중심 내용을 잘 파악하려면 평소 글을 읽을 때 문단의 중심 내용에 밑줄을 긋거나 단락을 묶어 제목을 짓는 습관을 들여야 한다.

5) 메모하며 읽기

책을 읽다 보면 등장인물이 많거나 역사적으로 중요한 사건을 전개할 때, 내용이 복잡할 때 등에 한순간 집중을 잃으면 다음의 내용 연결이 되지 않는다. 또 앞에 읽었던 내용 중에서 중요한 내용을 되살리려고 할 때 기억이 나지 않을 때도 있다. 이때 메모를 해 두면 책의 내용을 완벽하게 이해하는 데 도움이 되고 메모해 둔 내용은 기억을 오래가게 할 수 있다.

6) 주제 찾기

책을 읽으면서 내용에서 강조하고자 하는 주제를 찾아야 한다. 주제란 그 글의 중심 내용이기도 하고 글쓴이가 책에서 말하고자 하는 핵심 내용, 글쓴이의 의도나 글을 쓴 목적을 말한다. 중심 내용은 문단 안에 드러나 있는 경우와 암시되어 있는 경우가 있다.

- 책을 읽으면서 예측해 볼 내용
  - 이 글에서 내가 새롭게 배울 수 있는 내용은 무엇일까?
  - 이 글의 핵심 내용은 무엇일까?
  - 이 글의 주제는 무엇일까?
  - 글쓴이는 나에게 무엇을 주고 싶은가?
  - 이 글은 어떤 방식으로 문제를 풀어 나갔을까?
  - 글쓴이가 주장하는 내용의 근거는 무엇일까?
  - 글쓴이가 내린 결론에 대한 의견은?
  - 왜 이런 내용을 썼을까?

활동 23 시의 내용을 보고 제목 추리하기

독서 능력을 향상시키기 위하여 시의 내용을 보고 제목을 추리하게 한다.

다음 시를 읽고 물음에 답해 봅시다.

웃는 기와

옛 신라 사람들은
웃는 기와로 집을 짓고
웃는 집에서 살았나 봅니다.

기와 하나가
처마 밑으로 떨어져
얼굴 한쪽이
금가고 깨졌지만
웃음은 깨지지 않고

나뭇잎 뒤에 숨은
초승달처럼 웃고 있습니다.

나도 누군가에게
한 번 웃어 주면
천년을 가는
그런 웃음을 남기고 싶어
웃는 기와 흉내를 내 봅니다.

1 제목을 왜 이렇게 정했을지 생각해 봅시다.

기와의 모습이 웃는 것 같아서

2 제목에 담긴 본래 뜻은 무엇일지 생각해 봅시다.

웃는 것이 좋다.

3 제목이 궁극적으로 전달하고자 하는 것은 무엇일지 생각해 봅시다.

웃는 삶을 살고 싶다.

활동 24 중심 내용 찾기

학생들의 독서 능력을 향상시키기 위한 것으로, 다음 시를 읽고 시의 주제, 소재, 핵심어를 찾도록 지도한다.

다음 시를 읽고 물음에 답해 봅시다.

지구의 일

김용택

해가 뜨고
달이 뜨고
꽃이 피고
새가 날고
잎이 피고
눈이 오고
바람 불고
살구가 노랗게 익어 가만히 두면
저절로 땅에 떨어져서 흙에 묻혀 썩고
그러면 거기 어린 살구나무가 또 태어나지.
그 살구나무가 해와 바람과 물과 세상의 도움으로 자라서
또 살구가 열린단다.
가만히 생각해 보면 얼마나 신기하니?
또
작은 새들이 마른 풀잎을 물어다가 가랑잎 뒤에
작고 예쁜 집을 짓고
알을 낳아 놓았지.

1 이 시의 소재는 무엇인지 답해 봅시다.

해, 달, 꽃, 새, 잎, 눈, 바람, 살구나무, 작은 새

2 이 시의 핵심어는 무엇인지 답해 봅시다.

지구

다음 글을 읽고 물음에 답해 봅시다.

힐끗 형의 얼굴을 돌아보던 아우가 갑자기 희미한 미소를 지었습니다. 그 길로 아우는 가마 옆의 공기 구멍을 열어 버렸습니다.

'이제 형이 그토록 공들여 만든 도자기들은 모두 물집 잡히고, 갈라지고, 트고…….'

아우는 소리 죽여 웃었습니다. 이튿날, 아우는 가마의 불기운이 식는 동안 나무를 해 오겠다며 산으로 갔습니다. 해거름이 되어 아우가 산에서 건들건들 내려와 보니 가마 앞이 떠들썩하였습니다. 아우는 도자기를 사러 온 사람들의 말에 귀를 기울였습니다.

"이것 좀 보게, 먼저 것보다도 때깔이 맑고 아름답지 않은가? 이 기막힌 식은태 좀 보게나."

"이건 진상을 해도 되겠어. 거참! 볼수록 아름답네."

형은 당초무늬 항아리를 넋 나간 듯이 바라보고 있었습니다. 항아리에 눈길을 주던 아우도 깜짝 놀랐습니다. 항아리에 잔뿌리처럼 섬세한 식은태가 생겨 소박하면서도 은은한 아름다움이 배어 나왔기 때문입니다. 아우는 무릎을 쳤습니다. 그 기막히게 섬세한 식은태의 비법을 알고 있기 때문입니다.

3 이 글의 소재는 무엇입니까?

형, 아우, 도자기, 가마

4 이 글의 핵심어는 무엇입니까?

도자기

다음 글을 읽고 물음에 답해 봅시다.

나는 1970년 9월 전주에서 태어났다. 내가 어릴 때에는 주로 할머니께서 나를 돌보아 주셨다. 할머니께서 들려주시는 재미있는 이야기를 들으며 나는 상상의 날개를 마음껏 펼치곤 하였다.

초등학교 시절 나는 책을 읽으며 꿈을 키웠다. 책 속의 세상은 아주 넓고 다양하여 내가 직접 겪지 못한 일을 경험할 수 있게 해 주었다.

초등학교 5학년 때 나는 아주 중요한 분을 만났다. 바로 이미경 선생님이시다. 선생님께서는 나에게 여러 가지 좋은 책을 소개해 주셨다. 언젠가 나는 선생님께서 빌려 주신 책을 잃어버린 적이 있었다. 그때 선생님께서는 나를 꼭 안아 주시며 괜찮다고 말씀하셨다. 선생님의 그 따뜻한 품을 잊을 수가 없다.

5 이 글의 소재는 무엇입니까?

초등학교 시절 선생님, 책

6 이 글의 핵심어는 무엇입니까?

책

활동 25 어휘 활용하기

학생들의 어휘력 향상을 위한 활동이다. 보기의 내용을 보고 알맞은 단어를 찾아 적어 넣도록 지도한다.

빈칸에 들어갈 알맞은 낱말을 보기에서 찾아 써 넣어 봅시다.

보기

여간, 절대, 그만, 더욱, 훨씬, 결코, 대략, 그냥, 마치, 마냥

1. 보기에는 쉬운 것 같았지만 막상 직접 하니 (여간) 힘든 일이 아니었습니다.
2. 말하고 싶어도 꾹 참았습니다. 그러다가 (그만) 병이 나고 말았습니다.
3. 운동 후에 먹는 밥은 다른 때보다 (훨씬) 맛있습니다.
4. 금강산을 직접 본다고 생각하니 마음이 (마냥) 설렜습니다.
5. 하마터면 동생을 잃어버리고 (그냥) 떠날 뻔했습니다.
6. 문 앞에는 "(절대) 들어가지 마시오."라고 써 있습니다.
7. 숲 속 여우가 (마치) 자기가 왕인 것처럼 행동했습니다.
8. 집에서 학교까지는 (대략) 십 분 정도 걸립니다.
9. 집을 떠나 오니 어머니의 생각이 (더욱) 간절합니다.
10. 소를 돌보는 일은 보기와는 달리 (결코) 쉬운 일이 아니었습니다.

활동 26 내용 구조화하기

학생들이 읽은 내용의 구조화를 위한 활동이다.

다음 글을 읽고 처음, 중간, 끝의 세 부분으로 나누어 내용을 정리해 봅시다.

스스로 부른 죽음

짐과 톰은 어려서부터 이웃에서 살며 형제같이 가깝게 지냈다. 성장해서 짐은 목수가 되어 가난하게 살고 톰은 큰 운수 회사를 차려 부자가 되었다. 어느 날 톰이 찾아와 짐에게 이렇게 부탁했다.

"짐, 자네의 훌륭한 솜씨로 집을 한 채 지어 주게. 여기 설계도가 있으니 가장 좋은 재료를 쓰되 계산서는 언제든 보내 주게."

톰은 설계도를 놓고 갔다. 짐은 일에 착수하였다. 처음에는 양심적으로 일을 했다. 그러나 점차 더 많은 이익을 차지하려는 욕심에서 좋은 자재 대신에 값싼 자재를 쓰고 목수도 서투른 사람을 써서 인건비를 절약해 일을 거칠게 하였다. 겉으로는 훌륭해 보였지만 내용은 허술한 집이었다. 집이 완성되었을 때 짐은 친구인 톰에게 열쇠와 2만 파운드의 계산서를 내놓았다. 톰은 수표를 써 주면서 말했다.

"열쇠를 잘 간직하게. 여기 소유 증서가 있네, 짐. 이 집은 내가 자네에게 주는 선물이니 아무쪼록 이 집에서 여생을 행복하게 지내기를 빌겠네."

목수인 짐은 자기 손으로 지은 새 집에 들게 되었다. 그해 겨울이 왔다. 습기는 벽에까지 차오르고, 바람은 벽 틈으로 스며들고 지붕은 비가 새고 창은 부서졌다. 이런 집에서 여생을 살아야 할 것을 생각하니 처음부터 집을 튼튼히 잘 짓지 않은 것이 무척 후회가 되었다.

눈보라가 심하게 몰아치던 어느 날, 지붕이 무너져 내려 짐의 가족은 모두 목숨을 잃었다.

① 처음

톰은 짐에게 집을 지어 달라고 부탁했다.

② 중간

짐은 집을 대충 지었다.

③ 끝

톰은 짐에게 그 집을 선물로 주었고 짐은 결국 그 집에서 죽었다.

활동 27 요약하기

학생들이 글의 내용을 요약해 보는 활동이다.

다음 글을 읽고 내용을 한 문장으로 요약해 봅시다.

글	요약
두바이는 원래 사막의 작은 촌락에 불과했지만 석유라는 기회로 산유국으로 바뀔 수 있었다. 두바이는 산유국으로만 만족하지 않고, 꿈에서만 볼 수 있는 세상을 만들기 위하여 다양한 꿈을 꾸었다. 남들이 꾸지 않았던 꿈을 꾸고 그 꿈을 실현하기 위해 두바이는 항상 준비하였다.	두바이는 꿈에서만 볼 수 있는 세상을 만들기 위해 준비하였다.
○○호텔에는 방청소를 담당한 김영희라는 사람이 있었다. 대부분의 사람들은 그녀가 궂은 일이나 하는 청소부라고 무시했지만 그녀는 자신의 일이 깨끗한 환경을 마련하여 손님들에게 기쁨을 주는 서비스를 제공하는 일이라고 생각하고 즐거워하였다.	김영희는 자신의 일을 즐거워했다.
미국에서 태어난 헬렌 켈러는 세상에 태어난 지 9개월 만에 큰 병을 앓아 시력을 잃었고, 귀로 들을 수 없으며, 입으로 말도 할 수 없는 장애인이 되었다. 그는 모든 장애를 다 가지고 있으면서도 하버드 대학을 졸업하였으며 유명한 저서까지 남겼다. 헬렌 켈러는 자신의 불행에 좌절하지 않고 불가능을 극복하여 장애인들에게 성공의 상징으로 큰 힘과 용기를 주었다.	헬렌 켈러는 자신의 역경을 딛고 성공하였다.
배가 고픈 사람도 배가 고프다는 표현을 해야 밥을 준다. 아픈 사람도 병원에 가야 주사를 맞을 수 있다. 좋은 직장에 취직하기 위해서는 그 직장에 맞는 조건을 갖추고 있어야 한다. 아무것도 하지 않으면서 저절로 주어지기만을 바란다면 그것은 정말 안 된다.	노력하지 않으면 얻을 수 있는 것이 없다.
칭기즈칸은 세계를 움직인 가장 역사적인 인물로 꼽힌다. 그는 혹독한 역경을 딛고 일어서서 개방적이면서도 용기 넘치는 지도력을 가지고 세계를 지배하였으며 그가 세운 세계 정벌 기록은 누구도 깨기 어렵게 하였다. 칭기즈칸의 지도력에 대하여 관심을 가지는 사람들이 늘어가고 있다.	칭기즈칸은 탁월한 지도력으로 세계를 정벌하였다.

활동 28 메모하기

학생들이 글의 내용 중에서 기억해야 하거나 중요한 내용에 대해서 요약하도록 지도한다.

다음 글을 읽고 물음에 답해 봅시다.

2002년 10월 9일, 일본의 평범한 한 연구원인 다나카 고이치로 씨가 호기심에서 출발한 연구로 노벨 화학상을 수상한 적이 있다. 그의 성장 과정과 연구원 생활은 정말 지극히 평범한 사람들의 모습과 다를 바가 없었지만 호기심 하나로 새로운 분야에 도전하여 최선을 다해 노력하여 최고의 결과를 얻을 수 있었다.

다나카는 노벨상 수상식 기념 강연에서 "나는 대학에서 화학을 전공한 사람이 아니기에 역대 수상자 중에서 최대의 도전자였다고 생각한다."며 운을 뗐다. "나는 샐러리맨 기술자다. 두뇌가 뛰어난 것도 아니고, 전문 지식도 충분하지 않다. 하지만 묵묵히 연구를 해 온 결과 놀라운 발견을 할 수 있는 기회를 잡게 되었고, 노벨상까지 수상하게 되었다. 살다 보면 이런 일도 일어난다. 나는 호기심이 왕성한 편이어서 모르는 분야에 도전하는 것이 오히려 즐거웠다. 갓 대학을 졸업한 20대 초반이었다는 사실도 있겠지만, 40대가 된 지금도 새로운 것에 도전하는 것은 자극적이고 즐거운 경험이다."

다나카는 자신의 전공과는 무관한 화학에 대한 호기심으로 인해 노벨 화학상을 탔다. 평범한 삶에 안주하지 않고 도전하여 기대 밖의 큰 성취를 이룬 것이다.

1 누가

다나카 고이치로

2 무엇을

노벨 화학상 수상

③ 언제

2002년 10월 9일

④ 어디서

일본

⑤ 어떻게

묵묵히 연구를 해 온 결과, 놀라운 발견을 할 수 있는 기회를 잡게 되었다.

⑥ 왜

호기심이 왕성해서

3 독서 후 전체적으로 조망한다

책을 다 읽은 후에는 지금까지 읽은 내용을 전체적으로 조망해 보고, 독자 나름의 소견과 느낌을 자유롭게 정리하면 책을 다 읽었다는 성취감과 함께 즐거움을 얻는다. 독서가 생활에 유익하게 되려면 새로 배운 내용을 기존 지식에 통합해 새로운 상황에 적용해야 한다. 또 기억에 오래 남게 하기 위해서는 책 내용을 비판하거나 창의적인 생각으로 유도한다. 또한 독후감 쓰기, 소설을 연극으로 각색하기 등과 자신의 배경지식을 이끌어 내어 재확인하거나 수정해 가면 지식이 체계화되고 오랫동안 기억할 수 있게 된다.

1) 비판하며 읽기

비판하며 읽기는 글의 신뢰성과 타당성 등을 판단하며 읽는다는 뜻이다. 글쓴이가 문제를 바라보는 관점을 파악하고 다른 관점으로 해석하는 일이나 글쓴이의 편견을 찾는 일, 또는 글쓴이의 주장에 대해 정당한 근거를 내세워 평가하는 일, 글쓴이가 독자를 설득하기 위해 사용하고 있는 표현 방식을 파악하는 것도 비판하며 읽는 것을 말한다.

2) 창의적 읽기

창의적으로 읽는다는 것은 책에서 이해한 것을 바탕으로 새로운 상황에 적용하거나 어떤 목적을 위해 책의 내용을 재구성해 통합하고 재창조하는 것을 말한다. 이것은 책 내용을 음악, 영화, 만화, 놀이, 무용 등 다양한 매체와 연관지어 재해석하는 것이기도 하다.

활동 29 제목과 관련된 것 떠올리기

독서 능력을 향상시키기 위하여 제목과 관련된 것을 떠올리도록 지도한다. 정답은 없으니 자유롭게 생각할 수 있도록 지도한다.

다음 글의 제목을 보고 알고 있는 것을 떠올리고, 글을 다 읽고 난 다음 생각한 내용과의 차이를 비교해 봅시다.

인간만사 새옹지마

'인간만사 새옹지마(人間萬事 塞翁之馬)'라는 말이 있다. 새옹이란 새상(塞上: 북쪽 국경)에 사는 늙은이라는 뜻인데, 『회남자(淮南子)』의 인간훈(人間訓)에 나오는 이야기다.

북방 국경 근방에 점을 잘 치는 노인이 살고 있었는데 하루는 그가 기르는 말이 아무런 까닭도 없이 도망쳐 오랑캐들이 사는 국경 너머로 가 버렸다. 마을 사람들이 위로하고 동정하자 노인은 "이것이 또 무슨 복이 될런지 알겠소?" 하고 조금도 낙심하지 않았다.

몇 달 후 뜻밖에도 도망갔던 말이 오랑캐의 좋은 말을 한 필 끌고 돌아오자 마을 사람들이 축하해 주었다. 그러자 그 노인은 "그것이 또 무슨 화가 될는지 알겠소?" 하고 조금도 기뻐하지 않았다. 그런데 집에 좋은 말이 생기자 그 전부터 말 타기를 좋아하던 늙은이의 아들이 그 말을 타고 달리다가 말에서 떨어져 다리가 부러졌다.

마을 사람들이 이를 위로하자 노인은 "그것이 혹시 복이 될는지 누가 알겠소?" 하고 태연한 표정을 지었다. 그리고 1년 후 오랑캐들이 쳐들어왔다. 장정들이 활을 들고 싸움터에 나가 모두 전사했으나 노인의 아들만은 불편한 다리 때문에 징집을 당하지 않아 무사할 수 있었다.

이 이야기처럼 우리 인생살이는 길흉화복이 함께 찾아오고, 그런 일이 반복된다.

1 이 글의 제목과 관련하여 알고 있는 것은 무엇입니까?

사람의 삶은 다 부질없다.

2 이 글을 읽고 알게 된 것은 무엇입니까?

좋은 일이 생기면 나쁜 일도 생기게 마련이다.

활동 30 알고 있는 지식과 경험 떠올리기

독서 능력을 향상시키기 위하여 글을 읽으면서 자신의 선행지식과 경험을 글과 연관시켜 기억하도록 지도한다. 정답은 없으니 자유롭게 생각할 수 있도록 지도한다.

다음 글을 읽고 물음에 답해 봅시다.

꿈이 있는 사람

김규환 씨는 가난한 농부의 5대 독자로 태어났다. 가난했기 때문에 중학교를 졸업하고 서울로 무작정 상경하여 취직을 하려 했다. 하지만 학력이 낮아서 정식직원으로는 취직을 하지 못하고 대우 중공업의 사환으로 입사하였다. 그는 입사하여 매일 아침 5시에 출근하여 청소를 열심히 하였다. 매일 똑같은 모습을 본 사장님은 그의 노력에 감동하여 그를 정식기능공으로 승진시켜 주었다. 김규환 씨는 평소에 맡은 바의 일을 열심히 노력하였기 때문에 기회가 만들어지고, 그것이 성공의 밑바탕이 되었다.

그 후에도 김규환 씨는 계속 5시에 출근하는 근면함을 보였고 또 한 번의 기회가 찾아와 반장으로 승진하였다. 그는 열심히 노력하면 행운이 찾아온다는 생각으로 더욱 열심히 노력하였다.

업무의 전문성을 높이기 위하여 시간이 나는 대로 틈틈이 공부를 시작하였다. 그래서 학원 한 번 다닌 적 없이 현재 5개 국어를 한다. 그는 외국어를 배우기 위하여 자투리 시간을 이용하여 하루에 1문장씩 외었다. 하루에 1문장을 외우기 위해 집 천장, 벽, 식탁, 화장실문, 사무실 책상 가는 곳마다 붙이고 보았다. 이렇게 하루에 1문장씩 1년, 2년 꾸준히 하니 나중에는 회사에 외국인들이 올 때 설명도 할 수 있게 되었다. 어떤 때는 가공기계 개선을 위해 3달 동안 고민하다 꿈에서 해답을 얻어 해결하기도 했다.

결국 모든 일을 열심히 하다 보니 지금까지 그가 제출한 제안만 2만 4612건이 되었고, 국제발명특허는 62개나 받았다. 이렇게 많은 제안과 특허를 내게 된 동기는 그의 지칠 줄 모르는 근면성과 끊임없는 탐구정신 때문이었다.

결국 오늘날 그가 성공하게 된 것은 모든 일에 목숨을 걸고 노력하였기 때문이다. 실제로 그는 25년간 새벽 3~4시에 일어나 남보다 더 공부하고 일한 덕택이라고 밝혔다. 이러한 근면성으로 인하여 그에게는 수없는 기회와 행운이 찾아왔다. 그는 지금까지 훈장 2개, 대통령 표창 4번, 발명특허대상, 장영실상을 5번 받았고 초정밀 가공 분야 명장으로 추대되었다.

① 이 글과 관련하여 예전부터 알고 있는 것을 모두 적어 봅시다.

② 이 글과 관련하여 경험한 것을 모두 적어 봅시다.

다음 만화를 보고 물음에 답해 봅시다.

		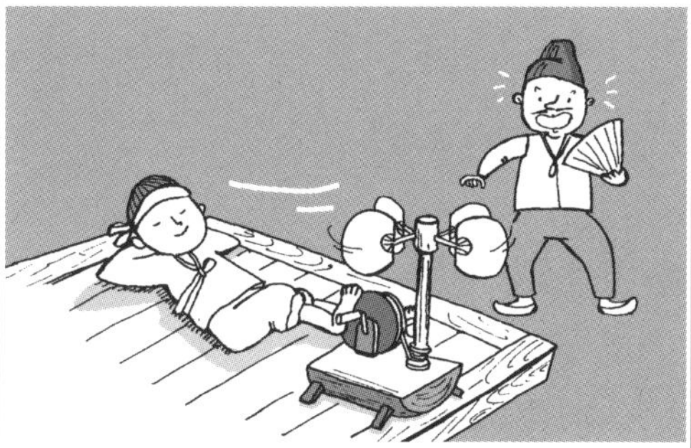
조선 태종 때 이영실이라는 사내아이가 관기의 몸에서 태어났어요.	이영실에게는 물건을 잘 만드는 손재주가 있었어요.	어떤 물건이든지 그 이치를 따져 똑같이 만들어 낼 수 있었어요. 때로는 더 좋은 물건을 만들어 내기도 했어요.

이영실은 새로운 생각이 떠올라도 자기 신분을 생각하여 금방 포기했어요.		결국 이영실은 자신의 숨은 재주를 발휘해 보지도 못하고 종으로 살다가 숨을 거두었어요.

③ 이영실은 어떤 사람입니까?

자신의 처지를 원망만 하는 사람이었다.

④ 여러분이 알고 있는 장영실과는 어떤 차이가 있습니까?

장영실은 자신의 신분을 탓하지 않고 왕성한 호기심으로 새로운 것을 더 많이 발명하려고 노력했다.

⑤ 생각의 차이로 이영실은 결국 어떤 삶을 살았습니까?

죽는 날까지 노비로 살았다.

⑥ 이영실이 천한 신분을 한탄하지 않고 자신의 재주를 발휘했으면 어떤 사람이 되었을지 생각해 봅시다.

장영실처럼 훌륭한 발명가로 이름을 떨쳤을 것이다.

⑦ 만화를 보고 느낀 점을 써 봅시다.

타고난 좋은 재주도 노력이 뒷받침되지 않으면 소용이 없다.

활동 31 적절한 상황에 연관시키기

독서 능력을 향상시키기 위하여 글을 읽으면서 원래 글의 상황을 상상하거나 연계할 수 있도록 지도한다. 정답은 없으니 자유롭게 생각할 수 있도록 지도한다.

다음 글을 읽고 물음에 답해 봅시다.

조상들의 유물과 유적

- 우리는 조상들이 남긴 유물과 사적을 흔히 볼 수 있다.
- 조상들의 유물과 유적을 보면 우리 조상들의 지혜와 생활 모습을 짐작해 볼 수 있다.
- 사적으로는 조상들이 남긴 건물이나 탑, 성터 등을 들 수 있다.
- 건물이나 탑 등을 보면, 옛날의 건축 생활을 엿볼 수 있다.
- 돌이 무너진 성터를 보면 우리 조상들은 적을 막기 위해 어떤 지혜와 방법을 이용하였는지 엿볼 수 있다.
- 유물을 통해서도 조상들의 생각과 생활모습을 짐작할 수 있다.
- 조상들이 쓰다가 남긴 낫, 지게, 쟁기 등의 농기구를 보고, 옛날 사람들의 농경 생활은 어떠하였는지 엿볼 수 있다.
- 조상들이 남긴 수저나 그릇 등을 보고, 옛날 사람들의 식생활 모습을 짐작해 볼 수 있다.

1 과거에 성을 쌓아야 하는 이유는 무엇이었습니까?

적을 막기 위해

2 우리의 조상들은 어떻게 쌓았습니까?

돌을 쌓았다.

3 우리의 조상들은 어떤 농기구를 사용했습니까?

낫, 지게, 쟁기

4 우리의 조상들은 농기구를 어떻게 사용했습니까?

쟁기는 논과 밭을 갈고 낫은 추수에 쓰고 지게는 나르는 데 사용했다.

5 우리 조상들이 사용한 수저나 그릇을 보고 어떤 식생활을 짐작할 수 있습니까?

그릇에 밥을 넣고 수저로 떠먹었다.

활동 32 모르는 단어 명확하게 하기

독서 능력을 향상시키기 위하여 모르는 단어를 스스로 찾게 하여 정확하게 개념을 정립시켜 준다.

다음 글을 읽고 모르는 단어가 나오면 그것을 찾아서 정확하게 의미를 적어 봅시다.

문장	의미
문제만 제시하지 않고 대안도 제시할 줄 아는 습관을 기르자	어떤 일에 대처할 방안
자신감이 충만한 사람은 자기 인생을 개척하고 성공으로 이끌 수 있는 사람이다.	가득하게 참
현실적으로는 게으르고 나태하면서 "무언가 큰 일을 이룰 수 있겠지?"라고 생각하는 사람은 비전을 가진 사람이 아니라 망상에 사로잡혀 있는 사람이다.	이치에 맞지 아니한 망령된 생각을 함
아담과 이브는 호기심 때문에 금단의 열매인 선악과를 따 먹었다.	어떤 행위를 못하도록 금함
막연한 기다림이 아니라 선견지명으로 배우면서 자신이 원하는 것을 얻기 위해 노력했다는 것이다.	어떤 일이 일어나기 전에 미리 앞을 내다보고 아는 지혜
시간의 흔적을 따라 사라져 가는 경우가 부지기수라는 사실을 알아야 한다.	헤아릴 수 없을 만큼 많음
나는 어떤 시대 상황에서든 언제든 기회가 온다는 낙관과 희망을 믿는다.	인생이나 사물을 밝고 희망적인 것으로 봄
역경을 돌파하고 정면 승부할 수 있는 용기를 얻게 될 것이다.	일이 순조롭지 않아 매우 어렵게 된 처지나 환경
고난이 크면 반드시 그 고난 속에 큰 기회가 숨어 있음을 명심하라.	괴로움과 어려움을 아울러 이르는 말
성공한 사람들은 불행과 고통을 신념으로 정복하는 사람들이다.	굳게 믿는 마음

활동 33 글쓴이의 의도 파악하기

독서 능력을 향상시키기 위하여 글을 읽을 때 비판적으로 사고하여 글쓴이의 의도를 정확히 파악할 수 있게 한다.

다음 글을 읽고 글쓴이가 말하고자 하는 내용이 무엇인지 알아봅시다.

일사병 예방

땡볕이 내리쬐는 운동장이나 놀이터에서 오랫동안 놀다 보면 건강을 해칠 수 있다. 땡볕에서는 30분 이상 놀지 않는 것이 좋은데, 한낮에는 밖에서 노는 것을 피하고 아침이나 저녁 무렵에 운동장에 나가는 것이 적당하며 많은 체력을 소모하는 과격한 운동은 피한다.

땡볕에서 놀다가 머리가 아프고 속이 메슥거리며 구토 증상이 나타나면 일사병일 가능성이 높다. 땀을 많이 흘려 몸의 수분이 부족해져서 생기는 일시적 현상으로 충분한 휴식과 함께 소금물을 조금씩 먹어 두면 일사병을 막을 수 있다.

물놀이를 할 때도 '햇볕'을 주의해야 한다. 해변이나 풀장 주위의 햇볕은 모래나 물에 반사되기 때문에 자외선이 매우 강하다. 따라서 자외선 차단제를 반드시 발라야 한다. 강렬한 햇볕에 오래 노출되면 피부가 붉게 타면서 화상을 입고 물집도 생길 수 있기 때문이다.

햇빛은 물 속으로도 투과되기 때문에 물속에서도 조심해야 하며 피부가 탔을 때는 얼음찜질을 해 준다. 눈을 보호하기 위해서는 자외선 차단이 잘 되는 선글라스를 착용하는 것이 효과적이다. 장난감 선글라스 등은 자외선 차단 기능이 없어 눈에 손상이 갈 수 있으므로 쓰지 않는다.

아이들은 어른보다 탈수 증세의 위험이 훨씬 높다. 따라서 물보다 이온 음료로 수분을 보충해 주어야 한다. 탄산음료인 콜라 등으로 수분을 보충하려는 것은 오히려 탈수 증세를 조장하는 일이다.

샤워를 할 때도 찬물보다는 미지근한 물이 좋고 샤워 후에는 물기를 완전히 닦아 내지 말고 적당히 물기를 남겨 증발하면서 몸의 열이 낮아지도록 한다.

자외선을 막기 위해	30분 이상 놀지 않고, 가능하면 아침이나 저녁에 논다.
	자외선 차단제를 바르고 화상을 입으면 얼음찜질을 한다.
	자외선 차단이 안 되는 선글라스는 끼지 않는다.
목이 마를 때는	충분한 휴식을 취하고 소금물을 먹어 두거나 이온 음료를 마신다.
샤워를 하는 방법은	미지근한 물로 샤워를 하고 물기는 적당히 닦아 천천히 마르도록 한다.

활동 34 궁금한 것에 대해 스스로 질문하고 답하기

독서 능력을 향상시키기 위하여 궁금한 것에 대해 스스로 질문하고 답하게 한다. 이 활동을 통해 학생은 글을 주도적으로 읽게 된다.

다음 글을 읽고 물음에 답해 봅시다.

아낌없이 주는 나무

나무 한 그루가 있었습니다. 그 나무에게 놀러 오는 귀여운 소년이 있었습니다. 소년은 매일 나뭇가지에 매달려 놀기도 하고, 열매를 따먹기도 했습니다. 또 친구들과 함께 술래잡기도 하고, 나무 그늘에서 낮잠도 잤습니다. 소년은 나무를 사랑했고, 나무도 행복했습니다.

어느덧 소년은 자라 청년이 되었습니다. 청년에게는 다른 친구가 생겼습니다. 그래서 나무는 때때로 고독했습니다.

세월이 흘러, 그는 어른이 되었습니다. 그는 나무를 찾아와 밑동만 남겨 놓고 베어 갔습니다. 그래도 나무는 소년을 볼 수 있어 행복했습니다.

그는 노인이 되어 나무를 다시 찾아왔습니다. 나무가 말했습니다.

"너에게 줄 거라고는 이제 아무것도 없어. 나는 밑동만 남았거든."

나무의 말에 노인은 말했습니다.

"나는 아무것도 필요하지 않아. 그저 앉아서 편히 쉴 곳이 있으면 좋겠어."

"앉아서 쉬기에는 늙은 나무 밑동이 최고지. 자, 이리 와서 앉아."

노인은 나무가 시키는 대로 했습니다.

나무는 너무나 행복했습니다.

1 나무는 소년에게 어떤 것을 주었습니까?

자신의 모든 것을 주었다.

2 왜 그렇게 했습니까?

나무가 소년을 진심으로 아끼고 좋아했기 때문이다.

3 소년은 나무에게 무엇을 해 주었습니까?

자신을 한결같이 기다리는 나무를 잊지 않고 찾아주었다.

4 나무는 후회를 했습니까?

어떤 후회도 하지 않았다. 나무는 소년을 진심으로 좋아했고, 자신의 것을 소년에게 줄 수 있어 행복했다.

5 나의 주변에 '아낌없이 주는 나무'와 같은 사람이 있습니까?

엄마는 내가 어떤 잘못을 해도 용서해 주신다. 가끔 혼을 내시기도 하지만 그래도 나를 세상에서 가장 사랑하신다.

6 글을 읽고 배운 점은 무엇입니까?

소년은 자신을 한결같이 기다려 주는 나무가 있어 행복했을 것이다. 그리고 나무 또한 늘 같은 마음으로 기다릴 친구가 있어 행복했을 것이다. 누군가를 좋아하고 생각해 준다는 것은 참 행복한 일이다.

활동 35 원인과 결과 떠올리기

독서 능력을 향상시키기 위하여 원인과 결과를 생각해 보게 한다.

다음 광고 문구를 읽고 광고의 원인과 결과를 생각해 봅시다.

광고 문구	구분	내용
생명을 되살리는 기적, 헌혈은 기적입니다.	원인	피가 부족
	결과	헌혈로 생명을 살린다.
후손에게 빌려 쓰고 있는 지금의 환경. 깨끗하게 가꾸어 되돌려 줍시다.	원인	환경 파괴
	결과	환경이 보호된다.
자나 깨나 불조심	원인	불이 남
	결과	화재가 나는 것을 방지함
내가 지킨 교통안전, 가정이 행복해집니다.	원인	교통사고
	결과	교통사고가 줄어든다.

활동 36 주인공이 되어 생각하기

학생들의 독서 능력을 높여 주기 위해 주인공이 되어 적극적으로 글을 읽을 수 있게 한다.

다음 글을 읽고 물음에 답해 봅시다.

도요토미 히데요시

우리에게는 임진왜란의 주범으로 기억되고, 일본인 사이에서는 오다 노부나가의 뒤를 이어 천하통일을 이룩한 영웅으로 받들어지는 인물이 바로 도요토미 히데요시다. 도요토미 히데요시는 원래 천민 출신으로 당시 최고 권력자였던 오다 노부나가의 신발을 가져다주는 천한 계급이었다. 보통 사람들은 자신이 천한 신분으로 태어나 남의 신발이나 가져다주는 노예라면 매일 불만을 토로하고 자신의 처지를 원망하였을 것이다. 그러나 도요토미 히데요시는 자신의 처지를 원망하기보다는 운명을 바꿀 기회를 만들기 위해서 노력하였다.

그는 천민이지만 노부나가에게 인정받으면 신분을 바꿀 수 있는 기회가 생길 것이라고 생각하였다. 그는 오다 노부나가의 마음에 들 수 있는 방법을 고심하다가 추운 겨울날 오다 노부나가의 발이 시리지 않게 신발을 가슴에 품어 따뜻하게 데워 주기로 하였다.

추운 겨울 어느 날, 오다 노부나가는 신발을 신다가 신발이 항상 따뜻한 것을 이상하게 여겼다. 조사해 본 결과 도요토미 히데요시가 신발을 따뜻하게 데운 것을 알고는 그를 신임하기 시작하였다. 이를 기회로 도요토미 히데요시는 노부나가의 무사가 되었고 후에 장군으로 성장하였다.

도요토미 히데요시는 비천한 신분이었지만 최고의 권력자였던 노부나가를 감동시키는 기회를 스스로 만들었기 때문에 일본을 통일한 영웅적인 인물로 역사 속에 남을 수 있었다.

① 내가 도요토미 히데요시처럼 천민 신분으로 태어났다면 어땠을지 생각해 봅시다.

나는 평생 후회만 하고 살았을 것이다.

⇨ 이유

너무 절망적이기 때문이다.

② 내가 도요토미 히데요시라면 신발을 어떻게 했겠습니까?

나는 신발을 따뜻하게 하지 않을 것이다.

⇨ 이유

신발이 더럽기 때문이다. 그리고 나는 전쟁이 싫기 때문이다.

③ 내가 도요토미 히데요시라면 일본을 통일할 수 있었을지 생각해 봅시다.

나는 할 수 없을 것이다.

⇨ 이유

나는 전쟁을 싫어하기 때문에 장군이 되지 않았을 것이다.

독서 능력 코칭

1. 제목을 보면 제목과 관련해 알고 있는 것을 연상하지 않는다.
   ⇨ 교재나 참고서의 제목을 보고 배울 내용을 미리 연상하면 연상한 내용이 본문의 내용과 맞거나 틀려도 기억에 오래 남아 공부에 도움이 된다는 것을 지도한다.
2. 책을 읽으면서 내용과 관련해 알고 있는 지식을 떠올리지 않는다.
   ⇨ 책을 읽는 도중 내용과 관련하여 알고 있는 지식을 자꾸 떠올려서 본문에 연결시켜 보면 기억에 오래 남아 공부에 도움이 된다는 것을 지도한다.
3. 책을 읽으면서 내용과 관련된 경험은 연상하지 않는다.
   ⇨ 책을 읽는 도중 내용과 관련하여 알고 있는 경험이 없으면 적절한 상황을 떠올리며 연결시켜 보면 기억에 오래 남아 공부에 도움이 된다는 것을 지도한다.
4. 책을 읽으면서 적절한 상황에 연관시켜 보지 않는다.
   ⇨ 전체 내용에 적절한 상황을 연결시켜 읽으면 흐름이 연결되어 기억에 오래 남아 공부에 도움이 된다는 것을 지도한다.
5. 책을 읽으면서 전체 내용과 연관시키지 않는다.
   ⇨ 전체 내용에 적절한 상황을 연결시켜 읽으면 흐름이 연결되어 기억에 오래 남아 공부에 도움이 된다는 것을 지도한다.
6. 모르는 단어를 보고도 그냥 지나간다.
   ⇨ 책을 읽으면서 모르는 단어가 나타나기 마련인데 모르는 단어를 지나치면 기억하기가 어렵게 되므로 정확한 단어의 의미를 찾아서 정확한 뜻을 알아야 내용을 정확히 이해하는 데 도움이 된다는 것을 지도한다.
7. 책을 읽는 속도가 항상 같다.
   ⇨ 책을 읽을 때 모든 내용을 동일한 속도로 읽는 것이 아니라 어렵거나 중요한 정도에 따라 읽는 속도를 달리해야 한다. 어렵거나 중요한 내용은 정독하는 것이 좋고 쉬운 내용이나 중요하지 않은 내용은 속독으로 넘어가도 좋다는 것을 지도한다.
8. 책을 읽으면서 눈으로만 읽는다.
   ⇨ 책을 읽을 때 눈으로만 읽는 게 아니라 내용을 머릿속에 기억하려고 노력하면서 읽는 것이 기억에 오래 남아 공부에 도움이 된다는 것을 지도한다.
9. 내용과 관련해 궁금한 것에 대해 스스로 질문하지 않는다.
   ⇨ 책을 읽다 내용에 대해 이해가 되지 않아 궁금한 것이 생기면 스스로 질문하고 답을 하면 기억에 오래 남는다는 것을 지도한다.
10. 모르는 내용에 대해서는 궁금하지 않다.
   ⇨ 그래도 모르는 내용에 대해서는 밑줄을 그어 놓고 찾아보게 한다. 모르던 것을 알게 되면 기억에 오래 남는다는 것을 지도한다.

MEMO

제 6 장

독서 토론

<table>
<tr><th colspan="4">독서 토론</th></tr>
<tr><td colspan="2">세부 내용</td><td colspan="2">• 독서 토론에 대한 개념 이해하기
• 독서 토론의 필요성 알기</td></tr>
<tr><td colspan="2">목표</td><td colspan="2">• 독서 토론의 개념을 알 수 있다.
• 독서 토론을 활용할 수 있다.</td></tr>
<tr><th colspan="2">단계</th><th>교수 · 학습 활동</th><th>자료</th></tr>
<tr><td>1</td><td>도입단계</td><td>• 독서 토론의 개념 알기
• 독서 토론에 대한 동기 유발하기</td><td></td></tr>
<tr><td>2</td><td>전개단계</td><td>• 독서 토론하기
• 독서 토론의 장점과 단점
• 독서 토론의 종류
• 효과적인 토론을 위한 질문 방법
• 토론 비참여자에 대한 조처
• 발언 독점자에 대한 조처</td><td></td></tr>
<tr><td>3</td><td>정리단계</td><td>• 학습 소감 발표
–독서 토론에서 다루어야 할 내용에 대해 발표하기
–활용 계획 이야기하기</td><td></td></tr>
</table>

1 독서 토론하기

독서 토론은 교사와 학생, 학생과 학생 간의 상호 교류를 통해 독서에 대한 정보를 얻고, 독서 과제를 선정하고, 도서를 선정하는 공동의 학습 형태다.

독서 토론은 독서에 관련된 문제를 해결하기 위하여 구성원들이 협동하여 대화를 하는 과정이라고 할 수 있다. 독서 토론은 지식의 전달을 목표로 하는 것이 아니라 학생끼리 협력을 통해 독서 능력을 향상하기 때문에 다른 학습과는 다른 교육적 가치를 얻을 수 있다.

- 독서 토론 순서
  ① 개회사
  ② 독서 토론 문제 제시(도서 내용 소개, 주제 설정)
  ③ 상호 의견 교환(토론)
  ④ 결론
  ⑤ 결의 및 교훈
  ⑥ 다음 과제 도서 선정

2 독서 토론의 장점과 단점

독서 토론의 장단점은 다음과 같다.

1) 장 점

- 학생의 활동, 참여의 기회가 많을 뿐 아니라, 교사-학생 사이, 학생-학생 사이에 피드백이 많고 즉각적이어서 학생들을 적극적이고 활동적으로 만든다.
- 토론하는 과정에 학생들은 타인으로부터 새로운 정보를 얻고 배움의 기회를 만들 수

있다.

- 토론은 일정 인원이 팀을 만들어 대화를 하면서 집단에의 소속감과 연대의식을 포함한 적극적인 태도를 갖게 한다.
- 토론은 교사가 가진 단순 정보의 전달뿐만 아니라 동료 학생들과 지식을 교환하면서 문제 해결 능력 및 태도를 배울 수 있게 한다.
- 학생들은 토론하는 동안 협력하여 문제를 해결해야 하기 때문에 학생의 학습 활동이 증가한다.
- 상호작용적 의사소통 과정을 강조함으로써 학생 상호 간, 교사와 학생 상호 간에 수평적 관계, 평등 관계가 형성된다.
- 토론을 통해 협력과 참여, 타인을 존중하고 개인적 고집을 주장하는 것을 피하고 합의된 것을 따르는 책임을 배울 수 있다.
- 토론은 참여를 바탕으로 하므로 강의에 대한 흥미를 유지할 수 있다.

2) 단 점

- 토론이 성공하기 위해서는 준비 단계부터 진행 단계까지 충분한 시간을 가지고 준비해야 한다.
- 토론 과정에 있어 시간 분배가 어려워 통제를 잘못하면 토론이 산만해지기 쉽다.
- 토론의 성공 여부는 학생의 능력과 분위기에 의해 결정된다.
- 토론의 목적에서 벗어나 불필요한 논쟁을 벌일 소지가 많고 학생 중 몇 명에 의해 토론이 주도될 가능성이 있다.
- 학생들의 주제에 대한 충분한 이해 없이 토론이 진행될 경우 기대하는 효과에 미치지 못하는 경우도 많다.

3 독서 토론의 형식

독서 토론의 형식에는 원탁식/배심 형식/공개식 토론이 있다.

1) 원탁식

5~10명의 소규모의 인원이 둥근 탁자에 둘러앉아 자유롭게 의견을 교환하는 비형식적인 토론 형식이다. 토론에서 합의된 결과에 대한 책임은 참여자가 모두 똑같이 공유한다는 점에서 매우 민주적인 토론 기법이다.

- 적용

원탁식 토론은 논의할 주제가 명백히 선정되어 있는 경우에 사용하기 좋은 방법이다.

- 특징

- 활발한 토론이 이루어지기 위해서 자유롭게 의견을 발표, 청취할 수 있는 분위기가 필요하다.
- 토론이 성공적으로 이루어지기 위해서는 충분한 경험을 지닌 교사가 필요하다.
- 모두가 참여하는 토론을 하기 위해 철저한 사전 준비를 해야 한다.
- 침묵하거나 소외되는 참가자들을 살펴서 참여를 유도해야 한다.
- 소모적 논쟁으로 흐르지 않도록 교사가 잘 통제해야 한다.
- 구성원들이 동질적이지 않거나 지식 수준, 대화 능력 등에 있어 차이가 클 경우 토론이 실패할 가능성이 커지므로 토론원 구성 시 유의해야 한다.

2) 배심 형식

집단 구성원이 많아서 모든 학생이 발언하기가 곤란한 경우 수명의 대표자를 패널로 선정하여 단상에서 토론하여 타 학생들에게 공개하는 독서 토론 형식이다. 패널로 선정된 대표자 4~6명이 순서나 형식에 얽매이지 않고 자유로이 의견을 발표한 후 학생과의 질의응답을 통하여 학생을 토론에 참여시키는 방법이다. 패널이 토론 분야에 관한 전문적 지식을 가지고 있어야 효과적이므로 반드시 학생보다 많은 연구와 준비를 하여야 한다.

- 적용

배심 형식은 공식적인 발표나 강의를 하지 않고 다소 비공식적인 대화를 중심으로 이루어지므로 논리적이고 체계적인 정보의 제시는 어려울 때가 많다. 따라서 학생에게 지식, 정보의 전달을 목적으로 하는 것이 아닌 주제에 대한 관심이나 동기 유발, 다양한 의견을 수용하고 합리적인 결론으로 도달하는 과정 등을 학습 목적으로 설정해야 한다.

- 특징

－패널은 그 문제에 대하여 전문가일 필요는 없으나 주제에 관한 충분한 관심과 흥미, 지식을 가지고 학생 앞에서 토론할 수 있는 능력이 있어야 한다. 필요시 전문가를 초대하는 것도 한 방법이다.

－교사는 주제에 대하여 사전에 준비된 질문을 패널에게 제기함으로써 체계적으로 운영해야 한다.

－약 15～45분간 지속되는 것이 좋으며 간결하게 의사를 발표함으로써 다양하고 빈번한 의사교환이 이루어지도록 해야 한다.

－토론 과정에서 학생을 토론에 참가시키거나 질문 기회를 부여하면서 학생들의 참여를 유도할 수 있다.

3) 공개식

포럼이라고도 한다. '포럼(forum)'은 원래 고대 로마의 시장 또는 군중이 모인 곳을 말하고 13인 정도의 전문가나 자원인사가 10～20분간 공개적인 연설을 한 후, 이를 중심으로 하여 학생과 질의 응답하는 방식으로 진행한다.

- 적용

공개식은 강의나 보고처럼 일방적인 의사소통이 아닌 학생의 직접적 참여를 중시할 때 주로 사용하며, 학생들의 참여를 통해 직접적이고 합리적인 학습 성과를 기대할 수 있다.

- 특징
  - 공식적인 발표를 한 연설자와 학생 간 질의응답을 통해 상호작용이 활발하게 이루어진다.
  - 교사는 연설자와 학생의 질의응답을 조절하여 주제와 관련한 내용으로 잘 이끌어야 한다.
  - 연설자는 학생의 학습 정도와 필요를 고려하여 간결하고 논리 정연한 의견을 발표한다.

4 효과적인 토론을 위한 질문 방법

효과적인 독서 토론이 이루어지기 위해서는 토론이 원활히 진행되어야 한다. 토론이 원활히 진행되기 위해서 교사는 여러 가지 유형의 질문을 사용한다. 일반적으로 독서 토론에서 유용하게 사용할 수 있는 질문의 종류와 목적, 해당 예를 제시하면 다음과 같다.

- 토론에 참여하지 않는 학생을 토론에 참여시키기 위한 질문

"이 주제에 대하여 아직 발표하지 않은 분 중에서 발표하실 분 있습니까?"

- 개인적인 경험을 이야기할 필요가 있음을 알리기 위한 질문

"잠시 후 여러분의 의견을 발표하기 전까지 이 문제에 대한 여러분의 개인적 의사에 대하여 생각해 보시기 바랍니다."

- 아직 언급되지 않은 점에 대하여 주의를 환기시키기 위한 질문

"이 점에 대해서 어떻게 생각하십니까?"

- 토론이 초점에서 벗어나지 않게 하기 위한 질문

"그 점도 중요합니다만 그 점은 현재 우리가 논의하고 있는 주제와 어떤 관계가 있습니까?"

• 현재 토론이 원래의 목적에서 벗어나고 있음을 제시하기 위한 질문

"지금 우리가 토론하고 있는 문제와 우리가 토론해야 할 원래의 주제(또는 목적)와는 어떤 관계가 있는지 말씀해 주십시오."

• 의견 대립이나 갈등을 원만하게 처리하기 위한 질문

"현재 이런 견해의 차이를 해결하지 못하고 있지만 다음 토론사항으로 넘어가도록 하지요. 다른 문제를 논의하다 보면 현재 해결되지 않은 문제에 대한 정보를 얻을 수도 있지 않을까요?"

• 추가 정보의 필요성을 알리기 위한 질문

"이 정도면 이 사안을 결정하는 데 필요한 정보를 충분히 갖춘 셈입니까? 아니면 다른 정보가 더 필요한 것입니까?"

• 정보의 출처를 확인하기 위한 질문

"이 정보는 어디서 얻은 것입니까?"

• 의견이나 주장 또는 관점의 타당성의 정도를 확인하기 위한 질문

"이 의견이 우리 대다수의 의견입니까? 맞습니까?"

"최근 신문에서는 이 점에 대하여 강한 반대 입장을 표명하고 있습니다. 우리는 어느 정도나 그 의견에 찬성하는 것입니까?"

• 토론의 초점을 사람보다는 문제나 의견에 집중시키기 위한 질문

"우리는 현재 발언의 내용보다는 발언한 사람에 대하여 더 많은 관심이나 중요성을 부여하고 있는 것이 아닙니까?"

• 객관적일 필요가 있음을 강조하기 위한 질문

"우리 논의의 결과에 대한 우리 자신의 이익 때문에 다른 그룹의 이익을 간과하고 있는 것은 아닙니까?"

"다른 정보를 더 얻을 때까지 이 점에 대해서는 결정을 유보하는 것이 좋지 않겠습니까?"

- 몇몇 사람이 토론을 독점하는 것을 막기 위한 질문

"미안하지만 더 이야기하기 전에 방금 전에 발언한 내용에 대한 다른 사람들의 의견을 먼저 들어 볼까요?"

"아직 자기 의견을 말하지 않은 사람들의 의견을 지금 들어 볼까요?"

- 토론을 끝맺기 위한 질문

"토론을 끝내기 전에 마지막으로 한두 분의 의견을 더 들어 볼까요?"

- 토론의 절차를 결정하기 위한 질문

"남은 시간을 고려해 볼 때 어떤 문제를 더 논의해야 할지를 결정할까요?"

"그 점에 대하여 얼마나 더 발언하기를 원합니까?"

- 다음 토론과 관련된 일에 관심을 돌리기 위한 질문

"다음 모임은 언제 가질까요?"

"다음 토론에서는 어떤 문제를 다룰까요?"

5 토론 비참여자에 대한 조처

토론의 단점 중 하나는 몇몇 학생만 발언을 많이 하고 나머지 학생들은 한마디도 하지 않는 것이다. 이 현상은 대부분의 학생들이 수동적이기 때문이다. 따라서 교사는 학생들의 적극적인 참여 유도를 위해서 노력해야 한다. 소극적인 참여자를 적극적으로 참여시키기 위한 방법으로는 다음과 같은 것이 있다.

- 본 토론의 중요성을 설명하고 꼭 참여하면 좋은 장점을 설명하여 참여를 독려한다.

- 교사는 적극적인 참여를 위하여 참여가 학습을 위해 좋다는 인식을 학생들에게 계속 주지시켜야 한다.
- 발언에 대하여 긍정적인 평가를 내리고 주제와 다를 경우라도 학생의 마음이 다치지 않도록 한다.
- 전체적인 토론을 시작하기 전에 두 명씩 혹은 소집단으로 한 가지 문제를 토론하도록 하는 것도 효율적이다.
- 한 가지 문제에 대해 학생들에게 대답을 몇 분 동안 써 보고 발표하라고 하면 학생들에게 안정감을 줄 수 있기 때문에 수동적인 학생들도 발표를 할 것이다.
- 발표를 자주 하지 않는 학생에게도 미소를 보여 준다면 그 학생의 참여를 유도하는 데 도움이 된다.
- 수동적인 학생의 이름을 외워 학생들의 이름을 부르는 것도 자유로운 대화를 유도하는 데 도움이 된다.
- 원형으로 의자를 배치하고 시선을 집중하면 발표하는 데 자신감을 갖게 되어 도움이 된다.
- 발표를 활성화하려면 어렵게 질문하지 말고 쉽게 힌트를 주면서 답변을 유도하면 학생들이 쉽게 답한다.
- 비참여자를 토론에 끌어들이는 가장 좋은 방법 중 하나는 학생들이 가진 특별한 지식을 이야기하라고 요구하는 것이다. 열띤 참여를 이끌어 낼 수 있다.

6 발언 독점자에 대한 조처

토론에서 소극적인 참여를 하는 학생도 문제지만 더 큰 문제는 일부 학생들에 의하여 토론이 독점되는 경우다. 일부 소수의 학생이 발언을 너무 많이 해서 교사나 다른 학생들이 거부감을 느끼는 경우가 생기게 된다. 해결 방법은 다음과 같다.

- 규칙을 만들어 한 사람이 발표할 수 있는 상한선을 정해 토론을 독점하는 것을 막고 모든 사람이 최소한 한 번씩 토론에 참여하게 만드는 것도 바람직하다.

• 한두 명의 학생으로 하여금 한두 시간 정도 관찰자의 역할을 맡도록 하여 그들의 관찰 내용을 학생들에게 보고하도록 하는 것이다. 말을 많이 하는 학생에게 관찰자 역할을 하도록 하는 것이 긍정적인 효과를 줄 수 있다.

〈독서 토론 기록장〉

학년/반		이름		토론 날짜	
책 제목				지은이	
내가 읽은 부분의 줄거리					
궁금한 점					
내가 생각한 토론 주제			근거		
우리 학급의 토론 주제					
토론 후 얻은 결론					
교훈 및 다짐					

참고문헌

교육부(1999). 중학교 교육과정 해설(I,V). 교육부.

교육부(2000). 제7차 중학교 학교 교육과정 편성 · 운영의 이해. 교육부.

교육부(2001). 특별활동-중학교 교사용 지도서.

교육부(2007). 제7차 교육과정 편성과 운영. 교육부.

김봉환 외(2001). 학교 진로 상담. 학지사.

김충기(1997). 생활지도와 상담. 교육과학사.

김충기(2000). 진로교육과 진로상담. 동문사.

서울특별시교육연구원(1991). 학부모를 위한 진로 지도 100문 100답. 서울특별시교육연구원.

서울특별시교육연구원(2000). 디지털시대의 진로교육. 서울특별시교육연구원.

서울시교육청(2000). 바람직한 중학생 진로교육과 학부모의 역할.

전도근(2003). 자격증 이야기. 일진사.

전도근(2004). 한방에 끝내는 취업전략 . 크라운출판사.

전도근(2009). 자기주도적 공부습관을 길러 주는 학습코칭. 학지사.

전도근(2009). 명강사를 위한 명강의 전략. 학지사.

전도근(2010). 1 공부의 달인이 되는 기억력과 암기력 향상 전략(교사용 지도서/학생용 워크북). 학지사.

전도근(2010). 2 공부의 달인이 되는 주의집중력 향상 전략(교사용 지도서/학생용 워크북). 학지사.

전도근(2010). 3 공부의 달인이 되는 사고력 향상 전략(교사용 지도서/학생용 워크북). 학지사.

전도근(2010). 4 공부의 달인이 되는 학습동기 유발 전략(교사용 지도서/학생용 워크북). 학지사.

전도근(2010). 5 공부의 달인이 되는 읽기 전략(교사용 지도서/학생용 워크북). 학지사.

전도근(2010). 6 공부의 달인이 되는 쓰기 전략(교사용 지도서/학생용 워크북). 학지사.

전도근(2010). 7 공부의 달인이 되는 하자 스터디 플래너 100일. 학지사.

전도근(2010). 엄마표 초등 읽기 쓰기 길잡이. 북포스.

정재훈(2000). 사이버의 미래직업 여행. 동의공업대학.

충청북도교육과학원(2002). 나의 꿈 나의 미래. 충청북도교육과학원.

한국직업능력개발원(1998). 한국인의 진로유형에 따른 진로교육모형 개발. 한국직업능력개발원.

우먼센스(2009. 9.). 이외수와 빅뱅놀이.

저 자 소 개

전도근

공주대학교 일반사회교육과를 졸업하고 경희대학교 교육대학원에서 교육공학을 공부하였으며, 홍익대학교에서 평생교육정책으로 박사학위를 받았다. 의정부고등학교와 의정부여자고등학교, 화수고등학교에서 16년간 교사로 학생들을 지도하였고, 강남대학교에서 5년간 강의하였다. 지금까지 교육, 컴퓨터, 요리, 자동차, 서비스 등과 관련된 50여 개의 자격증을 취득하였으며, 각 대학교, 지방자치단체, 교육청, 평생교육원, 국가전문행정연수원 및 각종 기업체 연수원 등에서 3,000여 회 이상 특강을 하였다. 제1회 평생학습대상 특별상을 수상하였고, SBS 〈순간 포착 세상에 이런 일이〉, KBS 〈한국 톱텐〉에 소개된 바 있다. 『엄마는 나의 코치』 『공부하는 부모가 공부 잘하는 자녀를 만든다』 『생산적 코칭』 『명강사를 위한 명강의 전략』 『자기주도적 공부습관을 길러 주는 학습코칭』 『내 인생의 내비게이션 자기주도학습 캠프』 등을 비롯한 100여 권의 책을 집필하였다.

창의적 재량활동 시리즈 [교사용 지도서]

3 독서 교육

2011년 1월 24일 1판 1쇄 인쇄
2011년 1월 31일 1판 1쇄 발행

지은이 • 전도근
펴낸이 • 김진환
펴낸곳 • (주) 학지사
121-837 서울특별시 마포구 서교동 352-29 마인드월드빌딩 5층
대표전화 • 02)330-5114 팩스 • 02)324-2345
등록번호 • 제313-2006-000265호

홈페이지 • http://www.hakjisa.co.kr
커뮤니티 • http://cafe.naver.com/hakjisa

ISBN 978-89-6330-585-1 04370
978-89-6330-580-6 (set)

정가 12,000원